解讀易經的奧祕—系列—九

解開宇宙的密碼。

風靡中國十億人口
知名大師

曾仕強　劉君政
教授◎著述

國家圖書館出版品預行編目資料

生無憂而死無懼／曾仕強　劉君政　作. -- 初版.
-- 臺北市：奇異果子廣告行銷，2011.03
面；　公分. --（易經真的很容易系列；9）
ISBN 978-986-85176-7-7（平裝）
1.易經　2.易學　3.研究考訂
121.17　　99023215

現代易學院 09

解開宇宙的密碼

作　　者　曾仕強　劉君政
發 行 人　林錦燕
總 編 輯　陳麒婷
行銷企劃　邱俊清
主　　編　林雅慧
美　　編　蘇乃霙
編　　輯　邱柏諭
編　　輯　邱詩諭

發 行 所
出 版 者　奇異果子廣告行銷有限公司

地址：台北市中正區重慶南路一段57號8樓之14
電話：02-2361-1379
傳真：02-2331-5394

版　　次　2011年3月初版一刷
I S B N　978-986-85176-7-7
定　　價　新台幣380元

【作者簡介】

曾仕強 教授

英國萊斯特大學管理哲學博士，台灣交通大學教授、興國管理學院首任校長、台灣師範大學兼任教授、人類自救協會理事長、新人類文明文教基金會董事長。

曾教授學貫古今，數十年來醉心於中華文化和西方現代管理哲學之研究，在國學、企管、哲學、教育等諸多領域上，皆有極高深的造詣。三十年前，世界五百強企業尚無中國企業能躋身其間，曾教授便已洞察趨勢，率先提倡「中國式管理」學說，被譽為「中國式管理之父」。迄今，曾教授已巡迴全球，完成逾五千場以上之演講，為臺灣生產力中心調查「最受企業界歡迎的十大講師」之一。

近年來，曾教授應大陸中央電視台邀請，至「百家講壇」節目，主講「經營之神胡雪巖的啟示」、「易經與人生」等主題，收視率勇奪全國之冠；二〇〇九年十月，再應百家講壇之邀，主講「易經的奧祕」系列，內容風靡全中國，掀起一股國學復興浪潮，曾教授更被評選為第一名的國學大師。

曾教授著作有：《易經真的很容易》、《走進乾坤的門戶》、《人人都不了了之》、《易經的中道思維》、《中國式管理》、《總裁魅力學》、《樂天知命的無憂人生》、《修己安人的領導魅力》……等數十本，其中《易經的奧祕》一書銷售量已突破一百萬冊，高居台灣與大陸各大書店文史哲類暢銷排行榜總冠軍。

劉君政 教授

美國杜魯門州立大學教育行政碩士，台灣師範大學教育學士。

歷任台灣師範大學、彰化師範大學、高雄師範大學教授，胡雪巖教育基金會理事。

前言——代序

密碼的意思，是一套訊息傳遞的符號，可以由自己設定，用來保護隱私。譬如保險箱的密碼、金融卡的密碼都不能外洩，以免造成重大的損失。也可以由具有公信力的機構設定，用來進行公開抽獎，譬如各種彩券的發行，以及各式各樣博弈用具的設置，都有不同的密碼以資控制。宇宙萬象，表面上看起來似乎雜亂無章、各行其是，實際上卻是條條有理、井然有序，而且牽一髮動全身，具有十分密切的互動關係。伏羲氏以通神的慧眼，看透「一陰一陽之謂道」的整體密碼，採用當時人們常用的「結繩」和「割脫」兩種動作記事，以陰（⚋）、陽（⚊）兩種十分簡單、易懂、易用的符號，透過排列、組合的方式，由太極生兩儀、兩儀生四象、四象生八卦的運作，構成一套訊息傳遞的符號系統。乍看之下，似乎沒有什麼特殊意義，經過周文王、孔子的解析和整理，我們才知道原來這是一套完整的宇宙密碼。在「一陰一陽之謂道」的總代號之下，分別列出六十四個大密碼。每一個大密碼之中，又含有六個小密碼。三百八十四個小密碼，在用九（乾卦要旨）和用六（坤卦要旨）的原則下，不但環環相扣，而且互有影響，產生錯綜複雜的變化、提供艱難險阻的警訊、指引敬謹審慎的中道，使我們有機會破解宇宙的奧祕，一窺宇宙的真相，明白自然的規律，因而獲得安身立命的正道。

我們以乾（䷀）卦為例，這個大密碼的代號是「乾」，以「自強不息」為主旨。其中包含六個小密碼，分別為「潛」、「現」、「惕」、「躍」、「飛」、「亢」，各有不同的要旨。無論人、事、地、物，首先都要「潛」而不現，務求瞭解真實情況，明白自身處境，求取表現的合理點，然後才適當地表「現」。這種「入境問俗」的前置作業，即使是才藝雙全者，也不應該掉以輕心。一個人若是急於做出「立即反應」時，經常會弄巧成拙而悔恨不已。當我們「潛」的時候，必須努力充實自己，看準合宜的時機，以期適時合理表「現」，否則一表現便遭受排擠，或承受打壓，豈不是自尋苦惱？若不幸成為烈士更是不值得！當機會來臨時，應該及時展「現」，此時，最好能秉持著「利見大人」的原則，一方面獲得上級的信任與賞識，一方面自己也要展現出大人的風範，凡事為公益著想，而不營私舞弊。即使如此，各方面的攻擊，難免仍此起彼落，因為「槍打出頭鳥」也是不可不防的常見災難。警惕戒慎，成為「現」這個小密碼的重要原則。現代人必須據以實踐，才能居險境而無禍害。而人生在世，重大關卡即在於「躍」。依個人實際狀況，判斷可躍不可躍？可則躍，不可也可以不躍，何必人人都躍，弄得大家都不安寧？決定要「躍」，最好明白「天淵之別」的警語。因為可能一躍而飛龍在「天」，何等逍遙自在；也可能躍不上天，反而掉入深「淵」，從此不見天日，何等消沉落寞。成固然可喜，敗也要甘願承擔後果，不怨天也不尤人，這才是「有備而躍」。當有朝一日「飛」上青天時，千萬記住要展現出大人的風範，使大家有「利見大人」的欣喜，同時也要培養接班人，務求生生不息，能夠持續地發展下去。但是，心中也要有所警惕，無論如何，都不應該違背「物極必反」的原則。一旦高「亢」，不久便會招致悔恨。「亢」的密碼，雖然大家都引以為戒，卻由於「權力使人腐化」、「形勢逼使眾人不敢規勸」的情況下，導致「知易行難」，造成心中有數卻仍然高亢而有悔。「乾」這個大密碼至關緊要，幾乎與所有大小密碼都有所牽連，因此特別在六爻之外加上「用九」提醒大家：一個人即使再偉大、再神氣、再有為，也應該按照「潛」、「現」、「惕」、「躍」、「飛」、「亢」的不同情況，適時做好合理的階段性調整，以求達成「時中」（時時刻刻都合理有效）的中道，而已安人亦安。

再看坤（☷）卦這個大密碼，代號為「坤」，以「厚德載物」為主旨。其中包含「履霜」、「不習」、「含章」、「括囊」、「黃裳」和「龍戰」六個小密碼。遭遇真正的「乾元」，最好採取「坤元」的配合、支援、輔助策略，彼此同心協力，大家都能心安理得而有所成就。這時候「用六」的特別條款，也就是「利永貞」這三個字必須謹記在心，並且確實付諸實踐。亦步亦趨，當然可以避免「龍戰于野」的慘烈結局。倘若自己是合適的領導人，也要依據坤卦的六個小密碼和特別條款，慎選良好的工作夥伴，以期構成穩健的核心團隊，共同完成預期的合理目標。

就個人而言，扮演領導的角色時，請依乾卦所含的各個小密碼，做出合理的調整；擔任輔助的幕僚、顧問或部屬，務必在「利永貞」的特別條款下，按照坤卦的六個小密碼，同樣做好合理的階段性調整，以期彼此密切配合。

乾、坤兩卦互錯，告訴我們這兩個大密碼看起來彼此相對，甚至於相反，卻具有相成的互補作用。比較妥當的方式，其實是先培養「履霜，堅冰至」的高度警覺性，再要求自己「潛龍勿用」，以免警覺性不夠，不知道怎樣「潛」才合理？有時候像駝鳥那樣，把頭埋入沙中，就以為不會被敵人所發現，實在是可憐又可笑！獲得表現的機會時，最好先具備「直、方、大，不習无不利」的素養，再求「現龍在田，利見大人」，先學會被領導，再來領導人。明白被領導者的心理，才能夠成為「帶人先帶心」的領導者，獲得同仁的心悅誠服，符合「得人心者昌」的不易至理。

乾卦的任何一爻，隨時都可能變成陰爻。同樣的道理。坤卦的任何一爻，也隨時可能變成陽爻。六十四卦就是這樣錯綜複雜的變化所形成的訊息系統，可見六十四個大密碼，三百八十四個小密碼，彼此息息相關、密不可分。六十四乘以六十四，可以產生四千零九十六種變化。整個宇宙，可以說是六十四個大密碼互動的呈現。我們若能用心解讀《易經》所提供的六十四個大密碼、三百八十四個小密碼、四千零九十六種變化，應該可以見微知著、順勢推理，做到孔子所言：「雖百世可知也」的神妙預測。

現代科學，可以用來表達《易經》的道理，卻不能夠取代《易經》。因為現代科學，和《易經》解開宇宙密碼的距離還相當遙遠。我們透過科學，將易學的真義，傳達給全人類，不但能使「一陰一陽之謂道」的智慧分享到全世界，也能對地球村的順利建構善盡一份心力，並有助於提振我們長久以來，由於對易學的誤解與誤用，所造成科技文明落後、民族自信心喪失的現象，對人類一家、世界大同具有正面的效應。

深一層看，科學對人類有很大的貢獻。然而現代科技發展的方向，卻似乎有走偏的現象，以致造成很大的禍害。倘若順著現代科技的走向，而不加以合理的導正，可以預見人類的未來，終將逃不出死於科技的厄運。易學解開宇宙的密碼，對於正確引導科技的發展有很大的助益，對於宇宙人生的生生不息，尤其具有特殊的時代意義。

中華民族沒有理由看不起物質世界，也不應該輕視科技的研究與發展。我們所要做的，是依據易學的精神，把自然哲學和人文倫理結合起來，使科技發展能夠合乎自然的規律，以免危害人類、禍延子孫。現代人疾呼：自然要與人文相結合，而最佳的途徑，莫過於以易學為依歸，讓自然與人文相互協調，兩者便能融匯貫通。

不明易理的人，認為中國沒有科學，必須由西方輸入。明白易理之後，應該可以看出中國科學有自己的獨特方向和方式，與西方頗有不同。我們盼望由《易經》解開宇宙密碼的心得，能夠喚醒大家認清「天人合一」的科技方向，促使現代科技知所調整，發展出大家都期待的光明未來。深切盼望各界先進朋友，共同努力，並不吝賜教為幸！

曾仕強
劉君政
謹識於台灣師範大學

編者序

曾教授在《易經的奧祕》一書中，曾提出一則石破天驚的創見：「《易經》是一本廣大精微、無所不包的書，呼應了道家『其大無外，其小無內』的思想」，又說，「那麼，如此廣大而精微的一本書，究竟有什麼用處呢？若是一言以蔽之，有些人會不相信，有些人會嚇一跳，但如果大家讀通這本書，一定會恍然大悟——《易經》就是一部能解開宇宙人生密碼的寶典。」

為什麼曾教授能做出如此大膽的斷言呢？因為他認為我們中國人的祖先，得到了三把能夠破解宇宙人生的金鑰匙。第一把是「伏羲八卦」；第二把是「文王六十四卦」；第三把是「孔子十翼」（詳細內容請參看《易經的奧祕》一書），我們後代子孫一直握有這三把金鑰匙，卻不知如何運用它來開啟宇宙奧祕、解讀宇宙密碼，實在是一件非常可惜的事。

太極生兩儀，兩儀生四象，四象生八卦。八卦衍生出六十四卦。六十四卦每卦又各有六爻，可視為六十四個大密碼與三百八十四個小密碼。密碼與密碼間彼此息息相關、密不可分，是宇宙中最重要的訊息系統，可說整個宇宙就是由這六十四個大密碼互動的具體呈現。若再將六十四乘以六十四，便可產生四千零九十六種變化，只要用心解讀，見微知著、順勢推理，應該就能做到孔子所言：「雖百世可知也」的神妙預測。

本書中曾教授以《易經》「乾、坤、小畜、大畜」這四卦，來闡述如何解讀宇宙密碼、通曉宇宙奧祕的方法，並期待你我能透過實踐，親自體悟其中的奧妙。在二十一世紀時代舞台轉由炎黃子孫引領風潮的今日，該是中國人甦醒的時刻了！如何將易理發揚光大，推而廣之，使世界大同理想能落實於地球村，是你我此刻別無旁貸的責任！

現代易學院系列叢書總編輯　**陳麒婷**

目錄

《第一章》

什麼是
宇宙密碼？

密碼是一套傳遞訊息的符號，
宇宙密碼傳遞出宇宙的各種訊息。

太極是訊息源，宇宙是訊息庫，
《易經》是解碼器，可以用來解開宇宙密碼。

六十四卦，代表宇宙六十四個大密碼，
每一個大密碼，都含有六個不同的小密碼。

乾坤兩大密碼，無所不在，
與其它六十二個大密碼都有關聯。

用九與用六，是乾坤的附則，
隨時都要活用，以確保乾坤的特性。

大密碼與小密碼之間息息相關，
可以產生錯綜複雜的四千零九十六種變化。

一．宇宙密碼總共只有一個

人所關心的，當然是人自身的問題，例如：人從哪裡來？死後到哪裡去？人能認識事物嗎？要如何認識呢？認識的範圍有多大？結果又如何？人為什麼要生活？人生的目的是什麼？怎樣生活才有價值？上述問題都是希望能對自己有比較完整且深入的瞭解。然而，人是大自然的一部分，對宇宙、世界或自然的探討也極為重要。易學首先提出「一陰一陽之謂道」，來破解宇宙和人生的奧祕，最大的特色，便是把宇宙與人生結合在一起，認為宇宙密碼也就是人生密碼。

天地間一切事物，都可以包括在時間、空間之內，我們的說法是「四方上下謂之宇，往古來今謂之宙」，和佛經所說的「過去現在未來為世，東南西北上下為界」兩相對照，便可知宇宙與天地、世界都是同義詞。我們用「宇宙」或「世界」來代表萬事萬物，並賦予人類「萬物之靈」的獨特地位，讓人類來解開宇宙的密碼，並將密碼應用在自己的身上。〈繫辭上傳〉說：「天生神物，聖人則之；天地變化，聖人效之；天垂象，見吉凶，聖人象之；河出圖，洛出書，聖人則之。易有四象，所以示也；繫辭焉，所以告也；定之以吉凶，所以斷也。」「神物」指筮用的蓍草與卜用的靈龜。聖人仿效天地的變化和各種天象，透過蓍草或靈龜來占筮或卜卦，以確定事物的吉凶，用來判斷行事的得失。

處於當今科學時代，我們更應該明白「一陰一陽之謂道」便是解開宇宙人生密碼的一把鑰匙。因為宇宙人生只有一個總密碼，我們把它稱為「一陰一陽之謂道」。

宇宙總密碼

：

一陰一陽之謂道

↓

陰陽亦一亦二	既是一（太極），又是二（陰、陽）。
有陰即有陽	陰中有陽，陽中有陰。
陰陽相摩、相盪	構成統一的整體（太極）。
太極內涵陰陽	隨時產生變易。
一之多元論	太極是一元，陰、陽變化成多元。
太極是訊息源	內外訊息會互動。

↓

同樣也是人生的總密碼。

二・內涵有六十四個大密碼

一陰一陽之謂道，代表宇宙萬象，時刻都在轉動。這種轉動的力量，既非人為，也不是神的力量，它是宇宙的力量、自然的力量，也是絕對的力量。是一股來自太極內涵的陰、陽，彼此互動、互變，既均衡又不均衡所產生的力量。

太極內涵陰、陽，彼此互動，產生各種變化。易學提出六十四種卦象，分別給予不同的卦名，便是宇宙的六十四種密碼。相對於每卦六爻，我們稱之為「大密碼」，爻辭即為「小密碼」。宇宙的一切不但時刻都在轉動，而且有軌道、有規律。六十四卦代表不同的軌道所應該遵守的規律。

科學認為一切物質都是由原子所構成，每個原子都有陰、陽兩極，內為陽，稱為陽子；外為陰，便是電子。陽子（陽）在內有「向心力」；電子（陰）在外有「離心力」，陰、陽兩種力量的運動，便構成了陰、陽兩極。愈接近核心，陽的成份愈多；愈遠離核心，陰的成份愈多。老子所說「萬物負陰而抱陽」正是如此。陰、陽兩極均衡，電流沒有落差，才能安定地運行在正常的軌道上，也就是老子所說「沖氣以為和」。然而宇宙萬象，由於太極動而生電子、電子凝而生元素、元素合而為物質、物質聚而成地球，這當中變化多端，在乾、坤之間，尚有坎、離、震、艮、巽、兌，合為八卦，再生成六十四卦，之後還可以再生出無數的卦。

易學把宇宙萬象匯聚成為六十四種大密碼，用卦名來加以規範，以彖辭和大象來說明解開密碼的方法。若是我們能夠用心逐一領悟，貫通其間的道理，自然可以順利解開密碼。

易學提出六十四種卦象

↓

分別給予不同的卦名

↓

代表宇宙的六十四種大密碼

↓

用卦名來加以規範

↓

透過彖辭和大象來說明解開密碼的方法

↓

務求用心領悟才能順利解開密碼

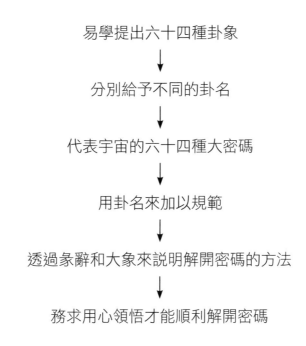

三、大密碼中又含有小密碼

打開乾（䷀）卦這個大密碼，首先看到的四個字，便是「元、亨、利、貞」，代表著所有創生的軌道，就如同春、夏、秋、冬一樣，循環往復，不停地變化著。凡事在一開始的時候，就必須做好準備，朝向正大光明的目標、選擇正確的方法、採取合理的方式來進行，自然一出發便能亨通，獲得預期的利益。這時候能不能公正地分配，便成為重大的考驗。好比在春耕、夏耘、秋收之後，能不能安然地渡過冬天？或是在冬季初臨時，就把一整年的收益，全在賭桌上輸得精光？如此一來，不但無法冬藏，根本連冬天都過不了！利得合乎公正，即為貞。能不能貞下起元？所起的元是比上一次好，還是不如上一元？關鍵就在於貞或是不貞。在這個大前提、大原則之下，乾卦六爻，分別代表六個小密碼，由下而上，即為：初九潛、九二現、九三惕、九四躍、九五飛，以及上九亢。這六個小密碼啟示我們：所有創生的軌道，都有六道必經的關卡，相當於現代高速公路上面的各個收費站。每通過一個收費站，便完成了此一階段的行程。需要轉程、改道，都應該及時做出調整。宇宙萬事萬物，都要適時做出合理的階段性調整，其次序即為「潛、現、惕、躍、飛、亢」，不可有所偏忽。同樣是創生，卻由於所處的階段，也就是所面臨的環境不一樣，而必須做出不同的因應。所以特別加上一個「用九」，來提示大家：「見群龍无首，吉。」——創生的歷程有所變化，必須適時做出合理的階段性調整，才能獲致吉祥、順利。六十四卦共有三百八十四個小密碼，可提供我們做為逐步前進時的必要參考。

宇宙總密碼

64個大密碼

《易經》64卦
每一卦都是一個大密碼
卦名是密碼的代號
彖辭是密碼的要旨
大象加以補充說明
64個大密碼息息相關
隨時要合起來看
才能獲取更多訊息

384個小密碼

每卦各有六爻
表示一個大密碼內涵六個小密碼
384爻代表384個小密碼
爻辭說明小密碼的要旨
小象加以補充說明
384個小密碼彼此互動
產生很多變化
最好能多方設想以求周詳

四、環環相扣因此變化多端

坤（䷁）卦這個大密碼，和乾卦（䷀）同樣是元、亨、利、貞，卻多了一些限制，也就是具有一些條件，成為「元亨、利牝馬之貞。」乾為創生，坤即為順承，所以坤比乾多一些限制，必須順應乾的動向，做出如牝馬（母馬）追隨牡馬（公馬）那樣的高度配合性，才能貞下起元，生生不息。

所以坤卦用六，特別指出：「利永貞。」坤卦這個大密碼，其特性為「利牝馬之貞」。因此全卦六爻，也就是六個小密碼，都應該持久不變地堅持順承的原則，發揮高度的順應性。

創生時要剛健、中正、純粹；順承時應該含弘光大，也就是包容、寬裕、昭明、博厚，唯有具備這四個條件，才能協助創生成功，使各種創生的品物都得以亨通。依人的立場看，坤順的美德，必須先有陽剛的首領，才能夠順承，否則流於委順陰柔，有違坤柔順的本意。領導者若無陽剛中正的美德，便不能要求被領導者柔順配合，可見大密碼與小密碼之間，無不環環相扣，互相牽動，因此變化多端，造成宇宙人生的萬事萬象。

我們常說「牽一髮而動全身」，其實就是「一爻變而全卦變」的寫照。每一個大、小密碼，實際上都和其它大、小密碼息息相關，可說是密不可分。我們在解讀密碼時，尤其要重視自己對於宇宙密碼的道德實踐。一旦背離了我們自己的道德實踐，所有密碼都將虛而不實、流於空談，這是孔子對人類最大的貢獻，可以說宇宙密碼由於孔子的禮讚，而被賦予了道德實踐的意義，也因此，宇宙密碼才能夠真正地得以解開。

一爻變全卦變

宇宙訊息是整全的

宇宙是全訊息場
彼此息息相關
簡直密不可分
即使能眼觀四面耳聽八方
也不容易全面掌握
所以謙遜、虛心十分必要

不能以偏概全

我們所獲得的有限訊息
經常會導致以偏概全
僅僅是瞎子摸象
很難全盤深入瞭解
我們常說「很難講」
這才是真正的實在話

必須合在一起想

凡事要合起來看
不要分開來想
比較容易掌握全局
地位高的人
往往看得遠、想得多
所以顯得更為高明

牽一髮而動全身

五。乾坤兩大密碼無所不在

乾卦初九的密碼為「潛」。只要任何具有初九爻的卦，在解讀大、小密碼時，都一定要顧及這個「潛」字。譬如屯（䷂）卦和乾卦一樣，都是元、亨、利、貞。和坤卦一樣，有一些特定的限制條件。屯卦為「勿用有攸往，利建侯」，啟示我們：萬事萬物在創生的初期，必然會面臨某些艱難險阻，需要加以突破和排除。這一個大密碼主要是在提示我們：一個人不畏懼危難，才能守時待命，在形勢不利時，不要冒然奮進。在艱難奮鬥中，應該先求立於不敗之地，把自己的立身之地穩固好。屯卦的六個小密碼，分別為初九「盤桓」、六二「屯邅」、六三「往吝」、六四「往吉」、九五「小貞吉」、上六「大貞凶」，都是處理創生伊始各種患難的要訣。初九「盤桓」意指是觀望不前，和乾卦初九的「潛龍勿用」，要合在一起，才能悟出「不能退卻，也不能心存僥倖，必須充實自己、做好準備」的道理。廣結善緣，與人誠意互動，提升自己的被信任度，打好「利建侯」的良好基礎。六二「屯如邅如」意指遲疑不敢前進，最好能和坤卦六二的「直方大，不習无不利」合起來想，悟出屯卦中的六二，必須秉持坤卦六二的直方大，堅守貞節，不移情別戀，不可把目標由原先的九五，移轉到近水樓臺的初九。「不習无不利」在屯卦六二便是寧可等待，也不改嫁給初九，那怕是等待很長的時間，也不改初衷。由此推論，乾坤為易學的門戶，表示乾坤兩大密碼，是其它六十二個大密碼的基礎，而所含的小密碼，也都是其它小密碼的不易基石。乾坤兩大密碼，無所不在，不可有所輕忽，才能思慮周全，減少失誤。

乾卦：潛、現、惕、躍、飛、亢。

其它六十二卦，凡出現初九、九二、九三、九四、九五、上九的爻，都應該參考乾卦相應的爻辭，互相對照，務求更深入領悟其中的奧妙。
其它六十二卦，凡出現初六、六二、六三、六四、六五、上六的爻，都應該參考坤卦相應的爻辭，彼此對應，務求更深入瞭解其中的真意。

坤卦：履霜、不習、含章、括囊、黃裳、龍戰。

六、文言傳詳述乾坤的奧祕

相傳孔子為《易經》作傳，後世把它視為經文的羽翼，因為從中可以瞭解經文，以盡周文王、周公未盡之意，一共十篇，所以稱為「十翼」。包括〈彖傳〉上下兩篇，用來解釋卦辭，或論卦德，或論卦義。〈象傳〉上下兩篇，用以解釋全卦的象，稱為「大象」；解釋爻辭，則稱為「小象」。〈繫辭傳〉上下兩篇，既追溯《易經》的起源，也推演易學的作用，又解釋卦辭的意義。〈文言傳〉一篇，專門解釋乾、坤兩卦的奧祕。〈說卦傳〉一篇，說明各卦的現象。〈序卦傳〉一篇，說明各卦相承相生的次序。〈雜卦傳〉一篇，對舉各卦正反的意義。

由於乾、坤為易學的門戶，六十四卦都由這兩卦交互變化而成。孔子看到彖、象文字，未能盡述全意，所以特別詳加解釋，一方面修辭文雅美妙，一方面可以補述文王的用意，所以稱為〈文言〉。乾為天體運行的作用，春夏秋冬、晝夜寒暑，循環往復而永不停息。創生並不是一時的衝動，而應該是恆久的運動，有中心、有常軌，也有不變的規律。坤為乾的順承作用，彼此為一體的兩面、一元的正反。新陳代謝，變化更迭，才是活的生命，構成動的世界。剛柔相輔為用，彼此密切配合。乾健與坤順並非主從，而是主伴的關係。紅花需要綠葉的襯托，雙方都以合理為標準。因為易學的道理以適中為度，無論過（過分）或不及（差得太多），都不能恆久。「居中為吉」，象徵所有大、小密碼，應用時都應該適中，也就是合理（合乎自然的道理），盡量保持無過與不及，才是中道的良好表現。

文言傳

- 修辭文雅美妙
所以稱為文言
- 或
- 補述文王的用意
所以稱為文言

專門解釋乾、坤兩卦的奧祕

- 乾為天體運行的作用
  - 循環往復永不停息
創生並非一時的衝動
而是恆久常在的運動
有中心、有常軌、也有規律
- 坤為乾的順承作用
  - 乾坤是一體的兩面
一元的正反
乾健坤順並非主從
而是主伴

我們的建議

1 自然現象，只要睜開眼睛，向四面八方張望，便會明明白白地顯現在我們的眼前，除非故意裝做沒看見，或者是看不見的盲人，否則就不能不承認，因為自然現象是不証自明的。

2 人會思考，對於所看見的自然現象，會當做思考的對象。易學的建立，決非徒託空談，而是從堅實的基礎出發，尋找充分的理由，才能夠言之有物，並且言之成理。

3 易學的功能，在尋找自然現象背後的道理。用現代的話來說，便是解開宇宙的密碼，以期揭開神祕的面紗，一窺宇宙的真相。六十四卦代表宇宙的六十四個大密碼，總合起來只有一個，那就是「一陰一陽之謂道」。

4 先把一陰一陽弄明白、搞清楚，千萬不要把陰、陽分開當做一個陰、一個陽來看待。而是必須把陰、陽合在一起，既合起來想，也合起來看，才能領悟「一個太極內涵陰、陽兩種可以互變的因素」，是一體兩面的奧妙。

5 六十四卦各有六爻，表示六十四個大密碼，各有六個小密碼，合計為三百八十四個小密碼。彼此互相影響，交互作用，可以產生四千零九十六種變化，代表宇宙萬象，合乎以簡御繁的要領。

6 世界上有很多學派，都在設法解開宇宙的密碼。我們認為《易經》最為簡單明瞭，而且把宇宙和人生合起來看，一旦解開宇宙密碼，同時也就解開人生密碼，豈不快哉！

《第二章》

為什麼「一陰一陽之謂道」是總密碼？

造成宇宙的根源，亦一亦二，
既是一，也是二，我們稱之為「一之多元」。

一可以代表一陰一陽之謂道，
是一切學問的共同起源，即為總源頭。

陰陽如影隨形，永遠不分開，
由於陰陽相輔相佐所以生生不已。

總體平衡，促成有限趨於無限，
多元文化，才能在動態中尋求均衡。

天道、地道由人道來貫通，
人的責任，在參贊天地的化育。

一陰一陽之謂道，適用於任何方面，
所以稱為宇宙人生的總密碼，當之無愧。

一．萬物周行原理永恆不變

〈繫辭下傳〉說：「天下之動，貞夫一者也。」貞是長久，不變的意思，「貞夫一」即始終如一。由於天下萬事萬物，所依據的自然周行、衍化的原理，乃是永恆不變的，所以伏羲氏觀天察地、取法自然的《易經》八卦，迄今仍然十分正確。

造成宇宙的根源有幾種？是「一」還是「多」？主張「一元論」的，認為宇宙的根本原理只有一個。萬事萬物表面上雖然錯綜複雜，實際最高原理只有一個「一」，才能夠整全地統合在一起。相反地，「多元論」則指出宇宙是由兩種或兩種以上不同性質的本體所構成，譬如「物質」與「精神」同時存在，物質既不能產生精神，精神也不能產生物質，兩者各自獨立。「一」與「多」之爭，歷時甚久。

《易經》的觀點認為，天地萬物一本可以萬殊，萬殊也可以復歸一本；一元之內為多元，一元之外也是多元；多元之內為一元，多元之外也是一元——我們把它稱之為「一之多元論」，一元與多元是統一的，所以說「貞夫一者也」。

現代科學証明：整個宇宙複雜的結合體，原本是一個單純的構造物。質與能不分，各種形式的運動，大自銀河系外的旋轉，小到電子的狂飛，都不過是這一個結構在集中程度方面的變化而已。龐大無比的銀河，只是宇宙無數星系中的一個，也就是無涯空間中的滄海一粟，豈不是其大無外？每個星系既是獨立的，它們之間又保持一定的關係，也証明了「合中有分，分中有合」的事實。宇宙是多元的，同時又是一元的，已經獲得了科學的証明。

造成宇宙的根源：亦一亦二（多）。

一

宇宙的根源，
根本的原理，
合起來看，
只有一個，
否則就會分裂，
成為兩個宇宙。

↓

一本

二（多）

天地萬物，
錯綜複雜，
又變化多端，
分開來看，
無窮無盡，
實際上可以復歸於一。

↓

萬殊

一本 → 萬殊

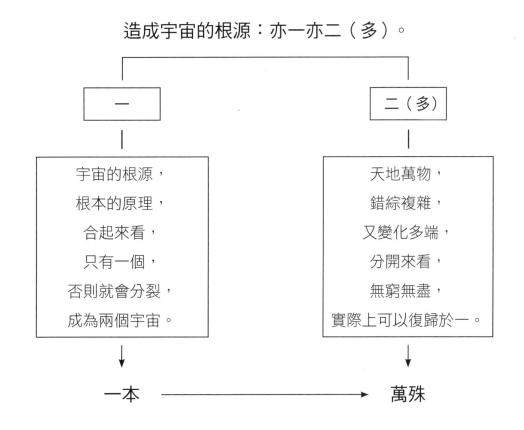

二、一即是一陰一陽之謂道

「一」是宗教和科學的共同起源，在研究發展的過程中，引起了很多重大的爭論。譬如基督教主張「神是宇宙的本源，萬物皆由神造」的「創造論」。科學則認為「宇宙萬物都是進化的，從無機物到有機物，以至於植物、動物、人類。有了人類以後，再持續進化，發生精神現象，也就是物質與能力的聚散離合」，因而提出了「進化論」。

《易經》的觀念，仍然保持一貫的原則，把「創造論」和「進化論」合起來想，不分開來看。「太極生兩儀」屬於創造，「兩儀生四象」、「四象生八卦」，然後發展成六十四卦，便是進化的歷程。這種「一陰一陽之謂道」的主張，成為易學的根本思維法則，也就是「貞夫一者也」所說的「一」。

一陰一陽的意思，應該是「太極」（一）中的陽（⚊）和「太極」（一）中的陰（⚋）。而彼此之間所產生的相互對待與作用，便稱之為「道」。陰中有陽，陽中有陰，陰陽是分不開的。好比有形體便有陰影，如影隨形，彼此無法分離。當我們看不見影子時，並不是沒有影子，而是當時的光線太過強烈，以致於看不見影子。一旦光線減弱，影子就立即顯現，因為它原本就一直存在，沒有片刻離開。一陰一陽既是「一」又是「二」，所以我們常說：「這件事，不過是一而二、二而一而已。」聽得明白的人，可以說領悟了「一陰一陽之謂道」的真諦，但是要如何實踐，仍然有待於每一個人的綜合判斷，也就是「道」的功夫——百姓日用而不知，現在是回過頭來求知的重要時刻，不能再耽誤自己了！

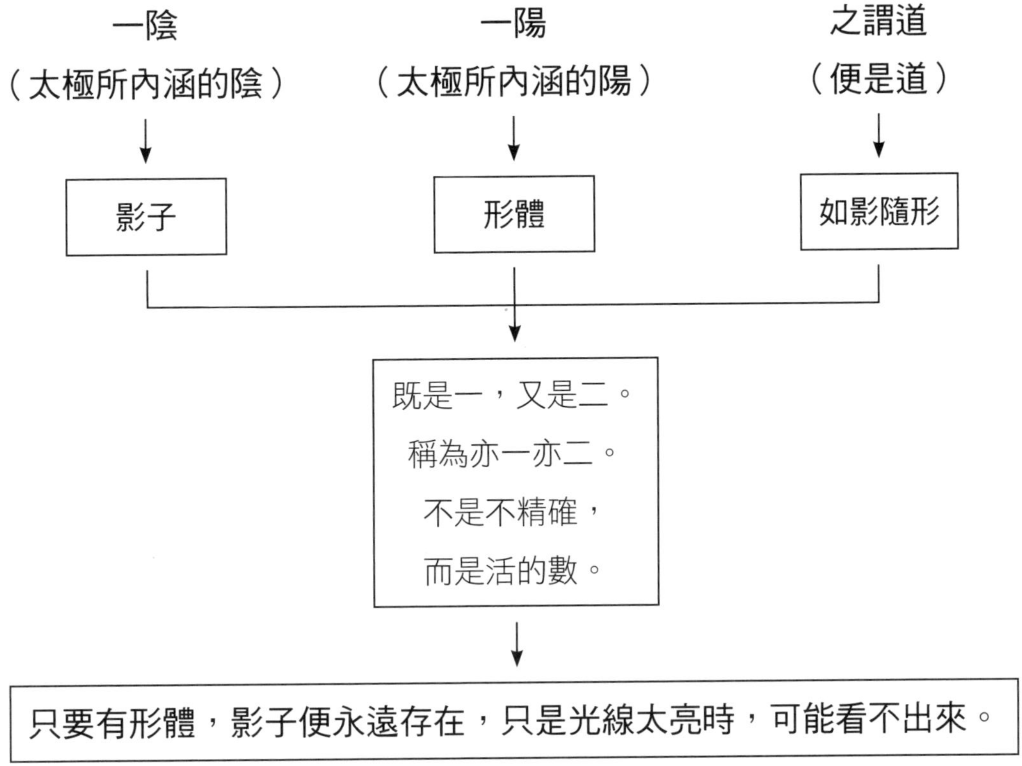
一陰
（太極所內涵的陰）
影子
一陽
（太極所內涵的陽）
形體
之謂道
（便是道）
如影隨形
既是一，又是二。
稱為亦一亦二。
不是不精確，
而是活的數。
只要有形體，影子便永遠存在，只是光線太亮時，可能看不出來。

三。陰陽相佐自然生生不已

《易經》開始於「天行健，君子以自強不息」的「乾」；終於宇宙生命無限的「未濟」。它提出比心、物、神更抽象，卻能夠包容心、物、神的宇宙本源，稱之為「太極」。〈繫辭上傳〉明白指出「生生之謂易」，意思是「宇宙生生不息的本體，即為太極」。「生生」表示「生了又生、生生不息」，現代稱為變化、演化、進化，也就是宇宙運行的大道。

我們從事物的變化當中，認識到陰、陽的對立；也可以反過來透過陰、陽的對立，來認識事物及其變化。六十四卦以乾（䷀）、坤（䷁）居首，而以既濟（䷾）、未濟（䷿）為末。〈繫辭上傳〉曰：「乾坤其易之縕邪？乾坤成列，而易立乎其中矣。」意思是有了乾坤，就蘊涵著變化的關鍵，因為「闔戶謂之坤，闢戶謂之乾；一闔一闢謂之變，往來不窮謂之通」，我們現代常以電源開關來控制電的流通，而乾和坤的作用，就是各種變化的開關。萬物之所以產生變化，並且能夠生生不息，主要原因即在太極內涵陰、陽。所以〈繫辭下傳〉曰：「天地絪縕，萬物化醇；男女構精，萬物化生。」「絪」為麻類，「縕」為棉類，都是便於交織的纖維。「天地絪縕」譬喻天地陰、陽兩氣交感綿密的狀態。由於絪縕交感，變化不窮，所以萬物的生成，也能夠分門別類，各自有系統地演化。男女不一定僅限於人類的性別，可以擴大解釋為生物的雌雄兩性。「精」指生殖細胞，透過雌雄精卵的交媾，生物才會生生不息。天地萬事萬物的生長變化，無非陰、陽交感的作用，顯示陰、陽互相輔佐，才能生生不息。

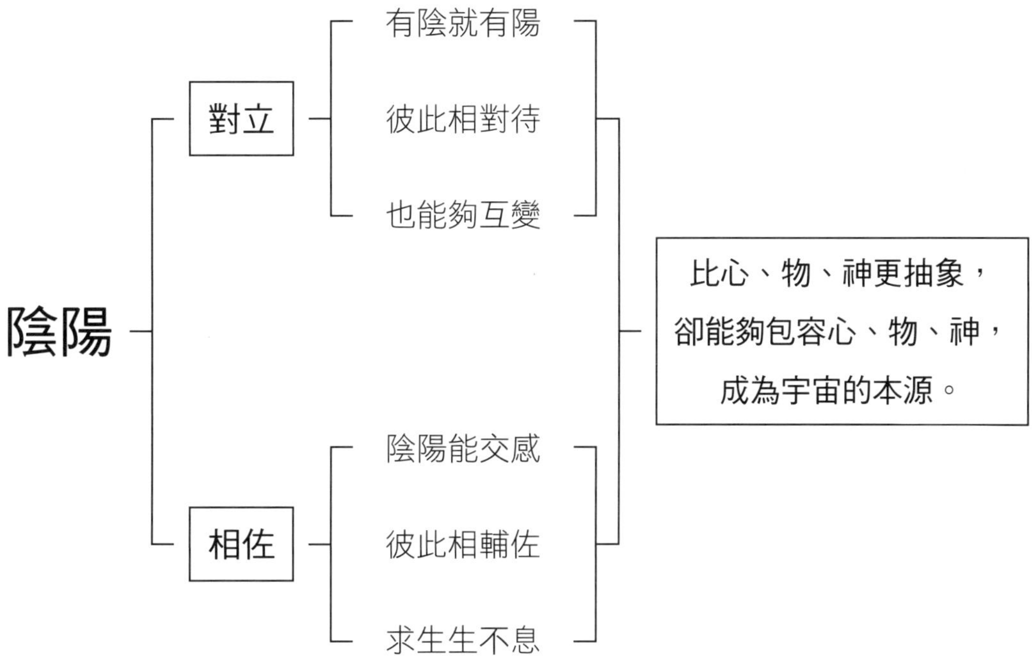
陰陽
對立
有陰就有陽
彼此相對待
也能夠互變
相佐
陰陽能交感
彼此相輔佐
求生生不息
比心、物、神更抽象，
卻能夠包容心、物、神，
成為宇宙的本源。

四・總體平衡使有限成無限

宇宙萬事萬象，看似變動不居，而且變化無窮，實際上有增有減，此起彼落，總體來說應該是平衡的。天道的運行，不但衍生兩兩相對待的宇宙萬物，也隨時呈現出高下、盈虛、長短、損益等現象。誠如謙卦（䷎）象傳所言：「天道虧盈而益謙，地道變盈而流謙，鬼神害盈而福謙，人道惡盈而好謙。」由於陰、陽兩氣互相吸引、交相往來，造成萬事萬物的消長盈虛。然而一陰一陽之謂道，居於貞夫一者也的精神，站在太極的立場，不斷加以調理，使其獲得整體平衡，所秉持的原則，便是減少盈滿的部分，以增益不足的地方。改變盈滿的狀態，使其充實虧損的情狀。透過神奇的力量，危害盈滿而施福謙虛。常言道：「天道忌滿，人道忌全」，便是整體互補的作用所致。

總體平衡的主旨，在促使有限變成無限。同一個地球，有高山就有深海，有丘陵便有低窪之處。同一時段，有的地方寒冷，也有的地方炎熱。同一個區域，有地上資源豐盛的，也有地下寶藏豐富的，倘若能彼此交易，互通有無，便可以化有限為無限。地球是一個整體，人類文明的產生和發展，應該也是一個整體。東西方文化互相對立，相輔相成，同樣可以化有限為無限。文化只能交流，不能整合，因為整合之後，便成為全球一致性，那就喪失了互補的功能，不能再演化成為對稱的綺麗格局，此舉對人類有害無益，甚至可能產生毀滅性的禍害。唯有多元文化，才能維持總體平衡，符合「一陰一陽之謂道」的精神，演化出風水輪流轉的精彩戲碼。

- 陰陽
  - 現象
    - 中國人生活條件很差，卻很懂養生，壽命反而比較長。
    - 中國的可耕地面積很小，卻能夠養活這麼多的人民。
    - 中國人不極力爭取自由，卻活得十分自在。
    - 中國人變化性很強，穩定性卻也很高。
    - 中國人幾乎家家有兵書，卻十分愛好和平。
    - 中華文化持續中有變化，而變化中卻也能夠持續。
  - 道理
    - 透過陰消陽長，維持總體在動態中的均衡。
    - 風水輪流轉，三十年河東，三十年河西，心理上能夠適應。
    - 從有限中，盡人事以求取無限。

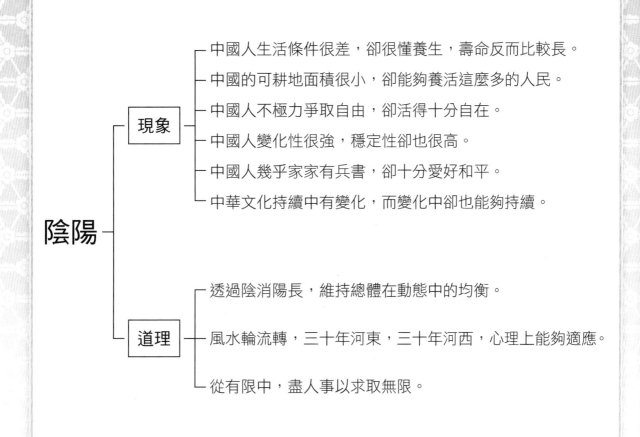

五 天道人道貫通融合為一

〈繫辭下傳〉指出：「易之為書也，廣大悉備。有天道焉，有人道焉，有地道焉。兼三才而兩之，故六。六者非它也，三才之道也。」三才也稱為三元，指天、人、地。伏羲氏組織陰（⚋）、陽（⚊）符號時，以三畫卦來象徵天、人、地三元。八卦的方位，又以天（☰）對地（☷）、火（☲）對水（☵）、山（☶）對澤（☱）、風（☴）對雷（☳），兩兩相對。

人居天地之間，人道的責任，即在貫通天道、地道，使三元合而為一。說「天」就包含「地」，因此稱為「天人合一」，實際上是「天人地合一」。中華文化重視人的責任，並不強調現代人常說的「權利」、「義務」。人的責任，在於奉行「一陰一陽之謂道」，各行各業，都應該用它來規劃、修正、研究、發展出各自的知識和技能，務求確實負起社會責任、倫理責任。為了生生不已，我們不可以「為知識而知識」、「為求個人的滿足而不顧一切」、「為賺錢而不講良心」。我們有責任生男育女，把往昔思想中「無後為大」的觀念，擴展為「男孩女孩一樣是自己的後代」。有責任為子孫留下一塊乾淨的樂土，把「福蔭子孫」擴大為「保護自然生態」。一陰一陽，表示做任何事情，有得必然有失，有優點也有缺點，最好能考慮周到，採取「後悔在先，避免悔恨在後」的策略，凡事思患預防，把可能產生的後遺症減到最低，就算放棄了自己的理想，影響到自己的營生，也在所不惜，這樣才算是一位堂堂正正的君子。多反求諸己，少責備他人。在自然與人文之間，尋求合理的平衡點。

- 同樣是人
  - 西方人強調權利與義務
    - 以個人為主體，
    - 認為人能勝天，
    - 人類可以征服自然，
    - 造成性與暴力，
    - 鼓吹享樂主義。
  - 中國人重視責任
    - 以家庭為主體，
    - 認為人要敬天、事天，
    - 因為人是自然的一部分，
    - 必須對自然善盡責任，
    - 使天道與人道貫通融合為一。

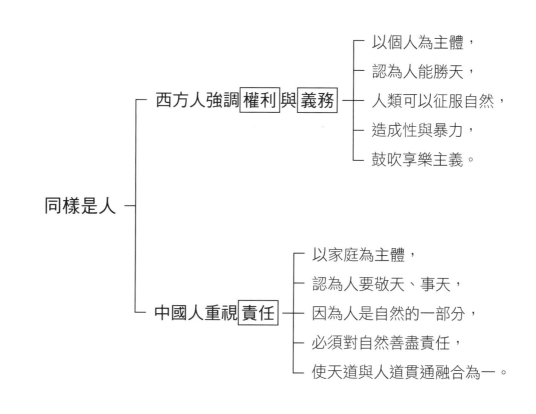

六、一陰一陽適用任何方面

「一陰一陽之謂道」啟示我們任何事物都可以找到其相對應的另一面，譬如天與地、男與女、尊與卑、高與低、大與小、動與靜、剛與柔、道與器、吉與凶、福與禍、乾與坤、君與臣、父與母、日與月、生與死、暑與寒、功與過、晝與夜、自然與人為……可說任何方面都能適用。

中醫的主張，完全是依據「一陰一陽之謂道」的原理。它主張用「水」和「火」的特性來代表陰、陽的徵兆。火性炎熱、升騰、輕浮、活動，正好是陽的本性。水性寒冷、沉靜、下降，也就是陰的特徵。人體的陰陽，最好能維持平衡，倘若有所消長，必須依據患者的整體狀況，做出合理的調整。我們相信牽一髮足以動全身，拉扯頭上的一根頭髮，腳趾便會隨之轉動。在腳趾上刺一下，他的牙齒會緊咬、眼睛也會閉合。治病最好能透過體內陰陽的相互作用，達成治療的效果。不但要袪除病邪，而且還要增強、調整抗病的能力。換言之，中醫治病，採取心身並治，也就是陰陽兼顧的方法。

數學的正數與負數、微分與積分；力學的作用與反作用；物理學的陰電與陽電；化學的原子化合與分解；社會的鬥爭與互動；兵學的戰爭與和平……各方面的應用隨時可見。〈繫辭上傳〉說：「易與天地準，故能彌綸天地之道。」「彌」即「彌合」，「綸」是「貫串、連綴」，由於完全遵循自然法則，所以能夠彌合貫通天地之道。自然法則的總稱，便是「一陰一陽之謂道」，所以「一陰一陽之謂道」便成為了宇宙人生的總密碼。

一陰一陽

- 天與地
- 男與女
- 尊與卑
- 高與低
- 大與小
- 動與靜
- 剛與柔
- 道與器
- 吉與凶
- 福與禍
- 父與母
- 日與月
- 自然與人為

可以適用於任何方面

- 個人與群體
- 自然與秩序
- 戰爭與和平
- 現世與未來
- 光明與黑暗
- 正數與負數
- 化合與分解
- 競爭與互助
- 治療與保養
- 微分與積分
- 理論與實際
- 陰電與陽電
- 作用與反作用

總密碼

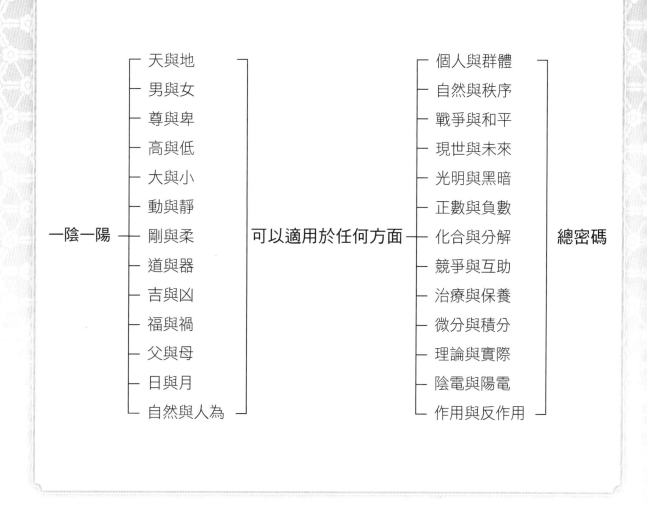

我們的建議

1 陰、陽互相對待，我們所重視的，並非它們之間的矛盾、對立，而是彼此的和諧、均衡。在「無過」與「無不及」的原則下，損有餘而補不足，才稱為「中庸」（合理）。

2 「一陰一陽之謂道」不能解釋為「一個陰和一個陽就叫做道」。因為「一陰」指「太極（一）所內涵的陰」，而「一陽」則是「太極（一）所內涵的陽」。太極內涵陰陽，能互動也能互變，隨時在動態中求取均衡，才稱之為道。

3 陰、陽是「一」還是「二」（多）？答案是：既是一，也是二；既不是一，也不是二，所以稱為「亦一亦二」。分而為二（陰、陽），合而為一（太極），是變動的、活的。

4 《易經》是整體思維，無所不包。一陰一陽之謂道，可以應用到自然、社會、科學、宗教、藝術、道德、醫學、兵學各方面，因此稱為宇宙人生密碼的總代表。

5 陰陽分不開，陰中有陽，陽中有陰，陰陽之中還有陰陽，陰陽之上也有更高層次的陰陽。我們要解開「一陰一陽之謂道」的總密碼，必須深入瞭解陰陽的互動和各種變化，體悟其中的道理，才能實際應用於日常生活之中。

6 陰陽是生物的本源，未有萬物之前，便先有陰陽。太極內涵陰陽，並不是陰陽各自分開，或者與太極相對。太極的動，實即內在陰陽的動。接下來，我們應該對這些道理進行更深入的探討。

《第三章》

如何解讀
宇宙總密碼？

太極是宇宙的根本，
也是萬事萬物共同的原點。

陰陽合而為一，稱為太極，
太極分而為二，便稱為陰陽。

陰中有陽，陽中也有陰，
象徵你中有我，我中有你的親密關係。

陰陽看似矛盾，卻有統一的傾向，
在矛盾中求協調、和合，而不是一味對立。

物以稀為貴，陽卦多陰，陰卦多陽，
少數服從多數，遠不如以賢明人士為主體。

「用九」代表陽，「用六」代表陰，
這兩項特別條款，又多了一層用意。

一、太極是萬事萬物的原點

宇宙的根本是太極，萬事萬物都以太極為共同的原點，所以說「眾生平等」。這時候是「未發」狀態，一旦發生變化，太極生兩儀，兩儀生四象，四象生八卦之後，那就「生而不平等」，各有各的特長，且互有差異了。

當一個人出現時，我們最好把他看成一個太極。他可能是「善者不來」，也可能是「為善而來」，然後又可能產生一些變化，我們務須提高警覺，謹慎對待以防萬一。

每一件事，都是一個太極。可以愈變愈好，也可能愈變愈糟。在過程中，更是起伏不定，變化多端。

任何一個地方，也是一個太極。由於本身的條件，配合外來的人物，互動出多種不同的變化。福地福人居，加上風水輪流轉，以致有時旺盛，有時衰落。

我們自己，也是一個太極。遇見他人時，兩個或多個太極在一起，由於各有能量，勢必產生相吸或相拒的磁場。彼此看得順眼或是看不順眼，關乎著兩者之間的頻率是否相近？愈相近則緣分愈深，愈容易產生良好的感覺。

每一樣東西，都是一個太極，吸引著頻率相近的人，因此，便各自有著不同的愛好族群。透過它的形狀、顏色、性能、規格、包裝、以及價格，來散發出不一樣的吸引力。

廣大的宇宙，原本是聚集成一個大太極的狀態，後來，因為發生巨爆而四散紛飛，產生各種化學分子、星球和銀河系，成為今日的宇宙。這種大太極分裂為許多太極、太極又分裂為更多小太極的演化，迄今仍生生不息。

太極是本根

- 每一個人，都是一個太極，可能是來者不善，也可能是為善而來。
- 每一件事，都是一個太極，起伏不定，禍福難料，變化多端。
- 每一個地方，都是一個太極，福地福人居，因人而異。
- 每一間房屋，都是一個太極，如何安排？各有不同條件。
- 每一樣東西，都是一個太極，吸引著頻率相近的人，形成群聚。
- 我們自己，也是一個太極，與他人形成不同磁場，有親有疏。
- 廣大宇宙，是一個太極，巨爆之後，產生很多銀河系。
- 每一個銀河系，也是一個太極，各有不一樣的環境。
- 我們所居住的地球，也是一個太極，不論它現況如何，都要加以愛護、提升。

二、太極合而為一分為陰陽

太極內涵陰陽，在陰陽混沌不分時，稱為太極；當陰陽已分，可以判明時，即為陰（⚋）、陽（⚊）。我們可以說太極是本質，屬於未發狀態。而陰、陽本質的發展，屬於已發狀態。太極分而生陰陽，稱為「一分為二」。陰陽合而為太極，便是「二合為一」。我們常說：「這件事不過是一而二、二而一而已」，便是「可分可合」、「分開來看是二，合起來看則是一」的描述。太極與陰陽，本質是一樣的，不過是未發和已發的狀態不相同。天地之間只有一氣，如加以區分，則可分為陰陽二氣，所以稱為「一之多元」論。

西方人分工，必須連帶把責任也畫分清楚。中國人不一樣，我們常說：「這件事由你們兩個人分工，但是你們兩個人必須負起共同的責任，使這件事能順利完成。」我們所採取的是「連坐法」，也就是工作可以分割，但責任不能夠畫分的意思。分工是為了合作，倘若不能合作，分工就成為一種不必要的措施。分到最後必須合得起來，才可稱為「系統」。

一個人（太極）出現了，他本身就內涵有「喜怒哀樂愛惡欲」等各種情緒。在情緒未發之際，我們往往無從得知；然而，一旦情緒已發，這才想要因應，又往往為時已晚，而措手不及。我們一方面力求自己面無表情，以免被他人看穿內心狀態；另一方面卻又喜歡察顏觀色，以揣測他人的心情。實際上這是「已發」與「未發」之間，一種人際關係的謀合。一個人若是經常喜怒形之於色，便喪失了「潛」的智慧，固然天真無邪，卻也免不了吃大虧的時候。每一個太極（人）在這方面各有不同的修養，我們同等給予尊重。

太極

合而為一

一件事情，
再怎麼分工，
責任是共同的，
不可分割。
（中）

↓

連帶責任，共同負擔。

分而為二

一件事情，
分工之後，
便各有各的責任，
各自承擔。
（西）

↓

個別責任，各自負責。

↓

我們主張合中有分，分中有合。

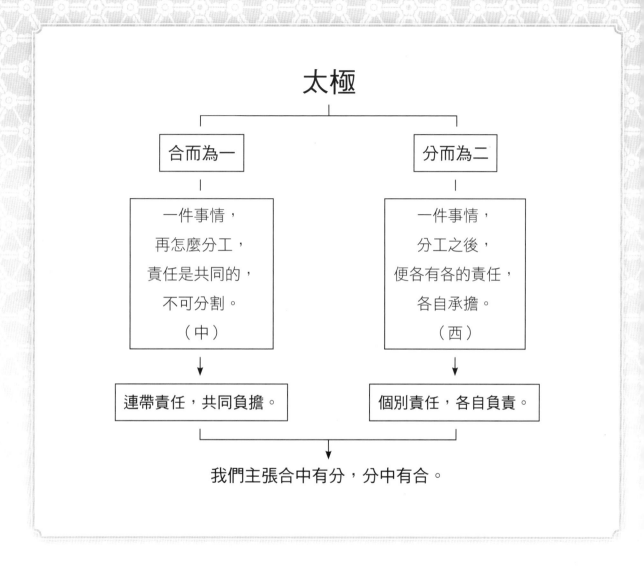

三．陰中有陽而陽中也有陰

伸開我們的手掌，不論是左手或右手，大拇指是奇數（一、三、五為奇數），即為陽；而食指、中指、無名指和小指四者合在一起，為偶數，也就是陰。同一個手掌，有陽（大拇指）也有陰（其餘四個指頭）。

單看大拇指，分成兩節。大拇指只有一根，為奇數，是陽；分成兩節，是偶數，為陰。大拇指中有陽有陰，分開來為兩節，合起來是一根，正好是一分為二，二合為一。其餘四根指頭，合在一起是偶數，每一根指頭，各有三節，三節屬奇數，是陽。這四隻指頭，各有三節，是不是陰中有陽呢？一隻手掌是奇數，屬陽，總共有十四節，為陰。就單一手掌來看，同樣是陽中有陰。

頭只有一個，為陽；腳有兩隻，是陰；身體有一個頭、兩隻腳，也是有陽有陰。走路時先出一隻腳，為陽，另外一隻腳接著跟上去，兩隻腳站穩，為陰。我們從很多地方可以看出「陽統陰」：陽先陰後，陽開發、陰配合，陽創造陰落實的現象，因此便不難體會《易經》中「陽大陰小」的道理——大小並不表示價值不同，只是形狀不同，價值應當是同等重要。

男人體內有女性荷爾蒙；女人體內也有男性荷爾蒙。陽中有陰，陰中也有陽。彼此的差異，只是程度不一樣、數量不相同而已。我們喜歡說：「差不多」，其實就是「並沒有差太多」的意思，可惜後來不幸被解釋為「差不多就是差太多」，這種說法才真是差太多了，令人遺憾！百分之百，接下去便是物極必反，其實不一定是好現象！

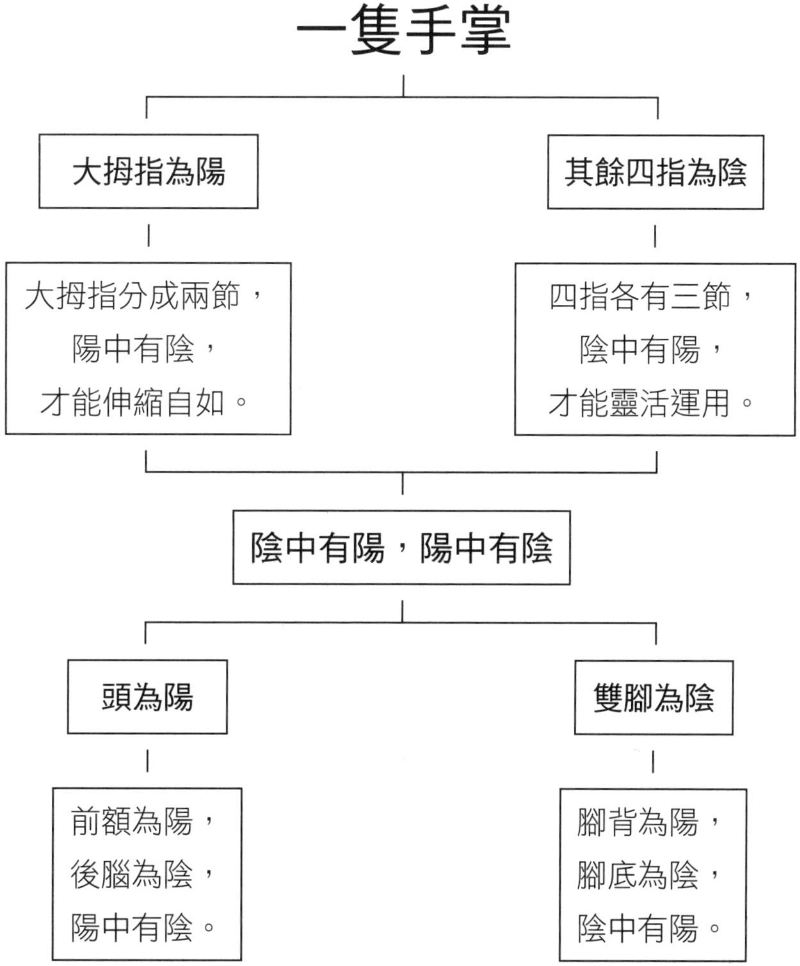
一隻手掌
大拇指為陽
其餘四指為陰
大拇指分成兩節，
陽中有陰，
才能伸縮自如。
四指各有三節，
陰中有陽，
才能靈活運用。
陰中有陽，陽中有陰
頭為陽
雙腳為陰
前額為陽，
後腦為陰，
陽中有陰。
腳背為陽，
腳底為陰，
陰中有陽。

四。陰陽有對立統一的屬性

陰陽是宇宙的根本規律，既互相對立，又相互依存，並且能在一定的條件下互相轉化。陰陽並沒有固定的形體，只代表兩種屬性。看似矛盾，卻能夠協調而趨於統一。

矛盾是必然的，因為陰陽平衡是一種理想的狀態。然而萬事萬物時刻都在變動，由平衡而趨於不平衡，再由不平衡而趨於平衡。相當於隨時有矛盾，又極力求協調。一波未平，接著一波又起，這才稱之為動態中的均衡。

我們不怕矛盾，因為有矛盾才會起變化，而有變化才能夠生生不息。一切事物，都是在「平衡」與「不平衡」這兩個環節之間起伏震盪。我們有時建設，有時也免不了要破壞，便是陰陽在矛盾中求統一的過程。

〈繫辭下傳〉曰：「天下何思何慮？天下同歸而殊塗，一致而百慮，天下何思何慮？日往則月來，月往則日來，日月相推而明生焉；寒往則暑來，暑往則寒來，寒暑相推而歲成焉。往者屈也，來者信也，屈信相感而利生焉。」天下萬事萬物，透過各種不同的道路，自然而然地走向同一的歸宿。太陽西下月亮就東升，月亮掉下去太陽又跟著升起，如此陰陽交替，人們就得以看得見光明。寒冬消失暑夏就出現，暑夏過去寒冬接著來到，四季的陰陽推移，成為我們常說的年歲。歸去的形成收縮，到來的便是伸展，這一伸一縮交相感應，產生各種利益。中華民族能屈能伸，具有很大的適應能力，和陰陽對立統一的互動至為密切。人在屋簷下，不得不低頭；此時不神氣，那又待何時？兩者交相運用，靈活無窮。

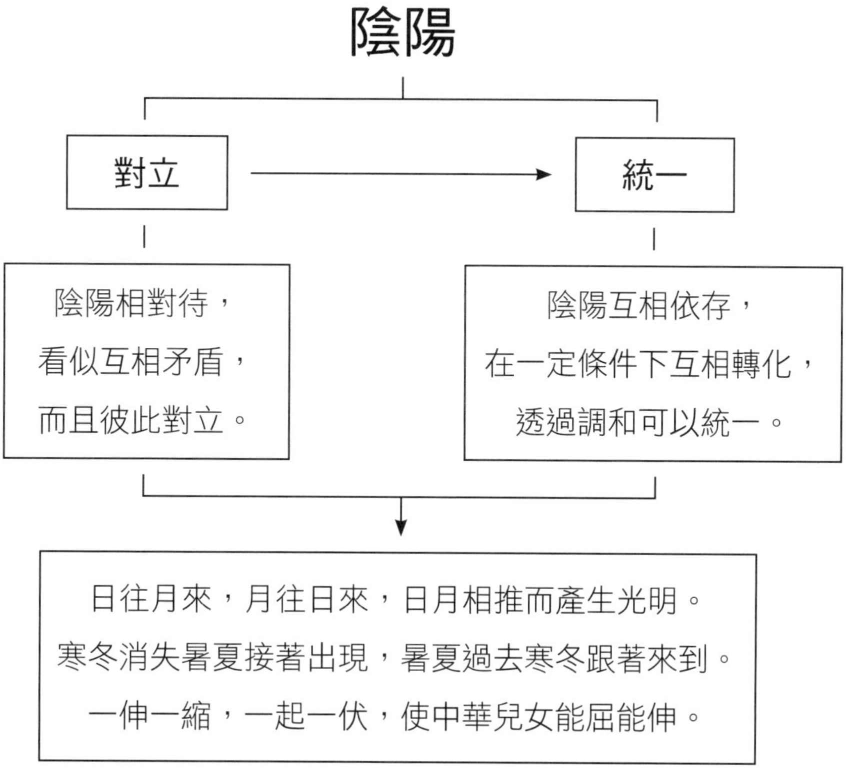
陰陽
對立
統一
陰陽相對待，
看似互相矛盾，
而且彼此對立。
陰陽互相依存，
在一定條件下互相轉化，
透過調和可以統一。
日往月來，月往日來，日月相推而產生光明。
寒冬消失暑夏接著出現，暑夏過去寒冬跟著來到。
一伸一縮，一起一伏，使中華兒女能屈能伸。

五。陽卦多陰象徵以稀為貴

八卦之中，除乾（☰）為純陽、坤（☷）為純陰之外，其餘六卦，有三個陽卦，三個陰卦。震（☳）、坎（☵）、艮（☶）三卦，都屬二陰一陽，陰爻比陽爻多，稱為陽卦。巽（☴）、離（☲）、兌（☱）三卦，都是二陽一陰，陽爻多於陰爻，稱為陰卦。〈繫辭下傳〉曰：「陽卦多陰，陰卦多陽。其故何也？陽卦奇，陰卦耦。其德行何也？陽一君而二民，君子之道也；陰二君而一民，小人之道也。」震（☳）、坎（☵）、艮（☶）三個陽卦，陰爻居多；巽（☴）、離（☲）、兌（☱）三個陰卦，反而陽爻居多，這是什麼緣故？因為陽卦的筆畫，算起來都是五，屬於奇數；而陰卦的筆畫，算起來都是四，屬於偶數。從所象徵的德行來看，陽卦代表一個領導者帶領多數追隨的人，當然是君子之道。陰卦表示兩個領導者形成雙頭馬車，則是小人之道。中國這種「賢者大於多數人」的觀念，使我們經常難以信服「少數服從多數」的規則。世界上真正賢明的人士只是少數，大多數人充其量不過是中人以下，那麼，為什麼少數的賢明人士，要服從多數的中人以下呢？若是如此，人類還可能進步嗎？恐怕是愈來愈退步了！

既然「物以稀為貴」是自然的法則，那為什麼人類反而主張「少數服從多數」呢？最起碼應該加上「多數尊重少數」，使兩方面都能夠兼顧而並重。但觀察社會的實際情況，往往多數人的聲勢是擋不住的，所以當年法國的羅蘭夫人，才會悲痛呼喊：「自由，自由，世間多少罪惡，假汝之名而行」。而且，有時可能只是少數人的意見，卻由於聚眾造勢的策略運用，而得以在活動現場中營造出多數支持的假象，實在十分可怕！

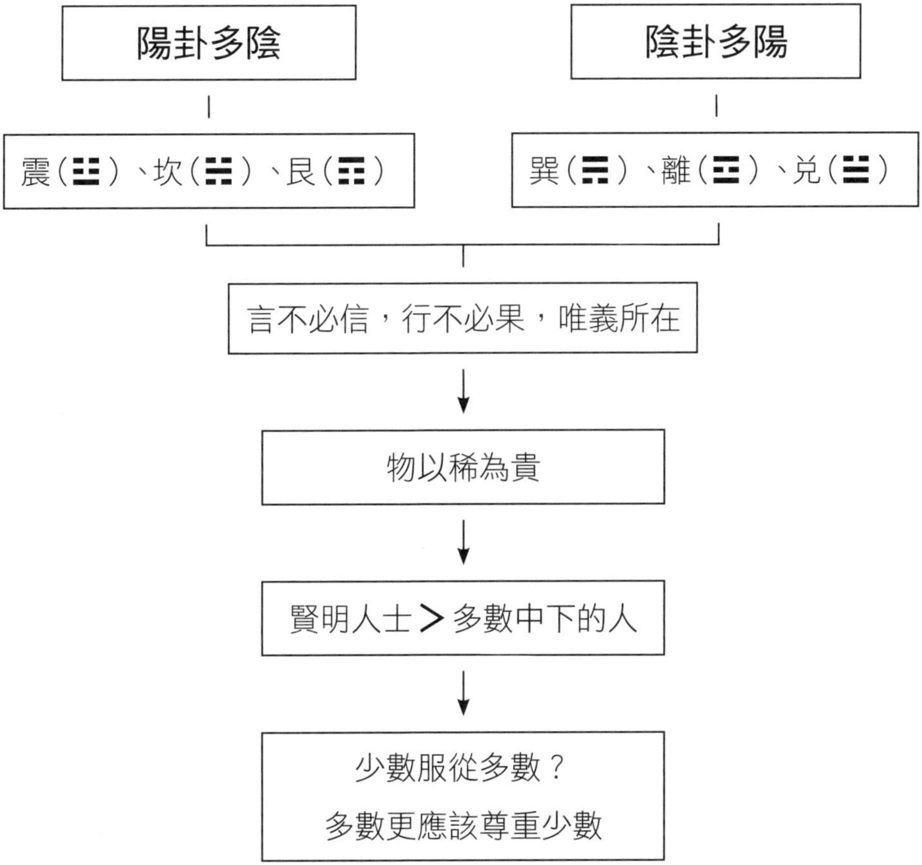
陽卦多陰
陰卦多陽
震（☳）、坎（☵）、艮（☶）
巽（☴）、離（☲）、兌（☱）
言不必信，行不必果，唯義所在
物以稀為貴
賢明人士＞多數中下的人
少數服從多數？
多數更應該尊重少數

六・用九代表陽用六代表陰

六十四卦之中，只有在乾卦與坤卦之後，分別加上「用九」和「用六」兩個特別條款，此兩者既不是卦辭，也不是爻辭，但我們可以從中體會「用九代表陽、用六代表陰」的道理，來理解陽（九）陰（六）這兩個代號的特別用意。

「九」是老陽，為了避免陽極成陰，繼續保持領導、開創、擴散的性能，最好遵循「用九，見群龍无首，吉」的條款。為了保持龍的彈性，不致物極必反，引起「亢龍有悔」的嚴重禍害，必須在潛、現、惕、躍、飛等階段，做好合理的調整。「六」為老陰，倘若不能保持「用六，利永貞」的精神，便會陰極成陽，造成「龍戰于野」慘烈後果。

「義」與「利」，是人生一大問題。「義」為陽、「利」即為陰，完全重義輕利，太過理想化，會令人仰之彌高，可望而不可及。然而，若是一切唯利是圖，棄仁義於不顧，也會令人不齒，而恥於為伍。最好的辦法，應該是行義時「用九」，而謀利時「用六」。「義」表示正當性，配合乾卦「用九」的原則，在合適的身分、場合，做出合理的判斷；「利」代表利益、利祿、收益，必須堅持「用六，利永貞」的原則，務求正當合理，自然可以遠離災禍。

自然與人為、損與害、情與無情、欲與理、愛與惡，在這些常見的矛盾上，若能遵循「用九」與「用六」的精神，求得合理的比例，應該是最為妥善的安排。古人所說的「差不多」，便是在比例上要求「不能差太多」，真正的用意，應該是「合理的精確」與「合理的不精確」，才稱得上是「差不多」。無過與不及，才是真正的「差不多」，說來也十分不容易。

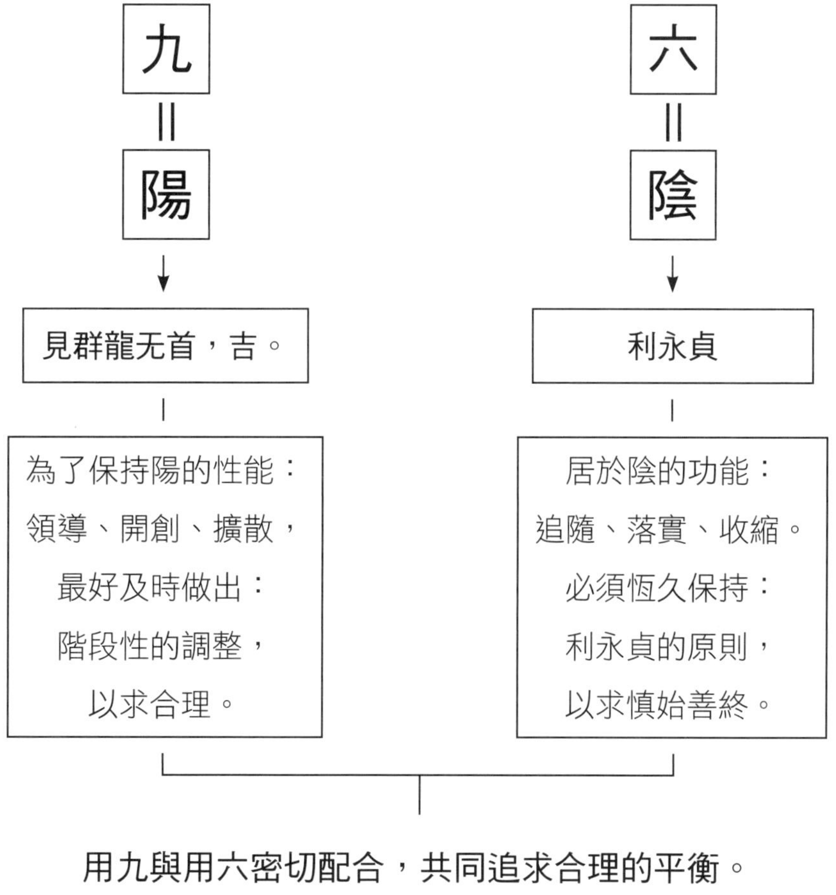
九
陽
見群龍无首，吉。
為了保持陽的性能：
領導、開創、擴散，
最好及時做出：
階段性的調整，
以求合理。
六
陰
利永貞
居於陰的功能：
追隨、落實、收縮。
必須恆久保持：
利永貞的原則，
以求慎始善終。
用九與用六密切配合，共同追求合理的平衡。

我們的建議

1 陰陽的觀念從正負而來。古人觀察萬事萬物，都具有正反兩方面，更進一步發現一切變化，都起於正反的對立、調和與統一，因此認定陰陽是宇宙的本源。又把陰陽未分的狀態稱為太極。太極與陰陽，形成「一而二、二而一」的「亦一亦二」關係，我們稱之為「一之多元」。

2 「一陰一陽之謂道」並沒有形體，彼此的變化歷程也沒有形體，所以〈繫辭上傳〉說：「故神無方而易無體。」「神」指易理的神妙，不拘泥於任何方面；「易」即易理的變化，也不固定於任何形體。

3 陽中有陰，陰中有陽，象徵陰陽之間的訊息交換。雙方各自把自己的訊息傳遞給對方，同時也接收對方所傳遞過來的訊息。互相包容，共同謀求和合、協調、平衡。

4 「一陰一陽之謂道」，存在於一動一靜、一起一伏、一興一衰、一明一暗、一虛一實、一順一逆之中，波動不已。我們在日常生活中，經常「書不盡言，言不盡意」，凡事「差不多」（不能差太多）就好。

5 陰陽關係普遍存在，六十四卦表現出不同比例的陰陽關係。一爻變而全卦變，牽一髮而動全身。陰陽的互相制約、彼此消長、交互轉化，推動了萬事萬物的變化。

6 陰陽變化既出於乾坤，因此我們對乾（☰）、坤（☷）這兩個密碼的應用，必須格外用心加以體會。接下來，我們就先從乾卦的密碼著手，解析乾卦與其他各卦彼此間的關連性。

《第四章》

乾卦密碼
和其它各卦有什麼關係？

卦中出現初九、九二、九三、九四、九五、上九，
都與乾卦密碼有關，最好參考其相關爻辭。

初九、九三、九五，陽居陽位，是當位的爻，
九二、九四和上九，並不當位，任何一卦都一樣。

乾坤兩卦初難知，上易知；三多凶，四多懼，
各卦的初、上、三、四小密碼，也是大致如此。

九二、九五居下卦和上卦的中位，
九五居中得正，九二並不當位，與六五相應則更好。

各卦可視為乾卦的若干爻轉變成陰爻，
變爻的密碼，大致都和坤卦密碼有關。

但《易經》的精神是「不可為典要」，
遇到有例外的情況，最好能夠「唯變所適」。

一、初九潛龍勿用所重在潛

乾卦（䷀）本身是一個密碼，代號為「乾」，意思是「自強不息」，具有至大的德行，和至剛的性能。乾這個密碼，包含六個小密碼，其代號分別為潛、現、惕、躍、飛、亢。六十四卦中，凡是以初九為「動、入、深、顯、靜、代」歷程的起點，也就是下卦的始位，都和乾卦初九有關。我們把這個小密碼，用「潛」來代表。初九「潛龍勿用」特別重視「守時待發」——凡事預先做好準備，等待適當時機，再做出合理的表現，以期能立於不敗之地。「潛龍勿用」消極方面可以避免災禍，求取自保；積極方面則能充實自己，培養出創造的實力。

六十四卦中，凡是以初九為起始的，最好都能參考這個「潛」的密碼。譬如屯卦（䷂）初九「盤桓」，象徵進退難定、徘徊流連的狀態，此時不妨先「潛」藏，再伺機而動，以免冒進而受害。需卦（䷄）初九「需于郊」，意指在遠離危險的郊外等待，也有「潛」的作用。履卦（䷉）初九「素履」，保持樸實的態度行事，以「潛」避害。泰卦（䷊）初九「拔茅茹，以其彙」象徵與同類相交前行，自己潛藏在同伴的行列之中，當然通泰吉祥。火雷噬嗑（䷔）初九「屨校滅趾」，對初犯的人，認定其本無惡意，儘量從輕發落，也有「潛」的意味。賁卦（䷕）初九「賁其趾」寧可徒步，也不求有車可乘，符合「潛」的要求。離卦（䷝）初九「敬之，无咎」態度恭敬，有「潛」的修養，當然可免禍害。既濟卦（䷾）初九「曳其輪，濡其尾」，先踩一踩煞車，看看靈不靈？看到前面有火，先把自己的尾巴浸濕，以免被火燒傷，這些動作，都可說是「潛」的功夫。

初九 **潛**

- 屯䷂，初九，進退難定，最好先潛一下，再做定奪。
- 需䷄，初九，在遠離危險的郊外等待，是潛的應用。
- 履䷉，初九，抱持樸實的態度行事，符合潛的要求。
- 泰䷊，初九，把自己隱藏在同伴的行列之中，當然通泰吉祥。
- 噬嗑䷔，初九，對初犯者能從輕發落，有潛的意味。
- 賁䷕，初九，寧可徒步，也不求有車可乘，表現潛的修養。
- 離䷝，初九，敬之，无咎。態度恭敬，有潛的功夫，當然免禍。
- 既濟䷾，初九，曳ㄧˋ其輪，濡ㄖㄨˊ其尾，都符合潛的精神。

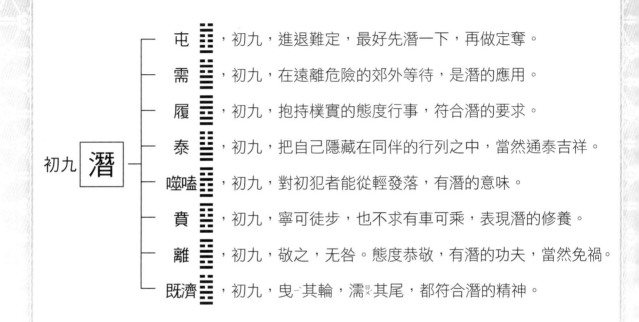

二・九二見龍在田利見大人

乾卦（䷀）九二爻辭：「見龍在田，利見大人。」要旨是：不可非時而動，不宜坐失良機，當時機成熟時，必須及時採取行動，做出合理的表現。這個小密碼，代號為「現」。見機行事，一方面展現出自己的才能，一方面獲得上級的賞識，這種「現」的本領，在各卦的九二爻，都有相關的訊息。譬如蒙卦（䷃）九二「包蒙」，有如娶回好妻子，表現良好，所以吉祥。需卦（䷄）九二「需于沙」，要接近險難時，還能夠耐心等待，也是合理的表現。訟卦（䷅）九二「不克訟」，在爭訟失利時，能夠及時中止，是「現」的功夫。師卦（䷆）九二「在師，中吉」，象徵主將統領兵眾，持中不偏，表現良好而獲得吉祥。履卦（䷉）九二「履道坦坦」，表示保持貞正的態度，合乎現的要求。泰卦（䷊）九二「包荒」，象徵心胸開闊，廣大包容，自是表現良好。坎卦（䷜）九二「坎有險，求小得」，在坎險中先求小有所得，以期逐步脫險，是良好的表現。恆卦（䷟）九二「悔亡」，抱持中和的態度以求恆道，表現良好，所以能夠悔亡。損卦（䷨）九二「中和守正」，能夠不自損而益上，表現得很好。困卦（䷮）九二「困于酒食」，一個人雖然困於酒食，仍能不為利所誘，所以无咎。井卦（䷯）九二「井谷射鮒，甕敝漏」，表示賢士不受重用，當隱士也是合理的表現。巽卦（䷸）九二「巽在牀下」，象徵謙順勤敏，表現良好而无咎。未濟卦（䷿）九二「曳其輪，貞吉」，象徵事情未成之時，能拖曳住車輪，不使其因急行而壞事。在此種情況之下，實在是守持貞正的表現，可獲致吉祥。

九二 **現**

- 蒙，九二，包蒙，有如娶回好妻子，表現良好。
- 需，九二，更接近險難時，還能夠耐心等待，表現合理。
- 訟，九二，爭訟失利時，能及時中止，良好的表現。
- 師，九二，主將統率士兵，持中不偏，表現良好而吉祥。
- 履，九二，保持貞正的態度，合乎表現良好的要求。
- 泰，九二，心胸開闊，廣大包容，表現得很好。
- 坎，九二，在坎險中先求小得，以期逐步脫險，表現良好。
- 損，九二，能夠不自損而益上，實在是良好的表現。
- 困，九二，雖然困於酒食，仍能不為利所誘，所以无咎。
- 巽，九二，巽在牀下，象徵謙順勤敏，表現良好而无咎。
- 未濟，九二，事情未成之時，仍能守持貞正不躁進，可獲吉祥。

三、九三終日乾乾重點在惕

乾卦九三密碼，代號為「惕（ㄊㄧˋ）」。因為陽居陽位，屬於當位的爻，但卻因為位於下卦的「究」位，有「三多凶」的徵兆。爻辭曰：「君子終日乾乾，夕惕若厲，无咎。」「乾乾」的用意在提醒大家，來到下乾的上爻，不過是告一段落，還有上乾需要繼續邁進，所以白天、夜晚都應該警惕，才能无咎。需卦（䷄）九三「需於泥」，在瀕臨險難的情況下等待，必須格外慎重。泰卦（䷊）九三「艱貞，无咎」，只有保持貞正與誠信，才能免禍而獲得食祿。謙卦（䷎）九三「勞謙」，始終保持勤勞謙虛，高度警惕而吉祥。賁（ㄅㄧˋ）卦（䷕）九三「賁（ㄅㄧˋ）如，濡如，永貞吉」，意指雖然獲得文飾潤澤，但仍需守持貞正，才能獲致吉祥。離卦（䷝）九三「日昃（ㄗㄜˋ）之離」，象徵急躁以求附麗於人，缺乏警惕性，必然招致衰敗而凶。咸卦（䷞）九三「咸其股」，象徵交感隨意而不專一，與惕的原則相違背，將造成遺憾。恆卦（䷟）九三「不恆其德」，表示不能恆守貞正美德，未能提高警惕，或將蒙受羞辱。井卦（䷯）九三「井渫（ㄒㄧㄝˋ）不食」，發現水井已淘淨，卻沒有人飲用，於是提高警覺性，趕快汲水飲用，使大家同享福澤。既濟卦（䷾）九三「高宗伐鬼方，三年克之，小人勿用。」象徵經過一段期間的戰爭，什麼人是英雄，什麼人是狗熊；哪些人是君子，哪些人是小人，雖然已經十分清楚，但由於大家都疲累不堪，亟待休養整頓，此時並不適合打狗熊、殺小人，以免引起內部的紛爭。有了這樣的高度警惕，對小人只要敬而遠之，等待休養生息後，再找機會處置也不遲。

九三 **惕**

- 需，九三，在瀕臨險難的情況下等待，必須格外慎重。
- 泰，九三，只有保持貞正與誠信，才能免禍而獲得食祿。
- 謙，九三，始終保持勤勞謙虛，高度警惕而吉祥。
- 賁，九三，獲得文飾潤澤，仍然守持貞正，當然吉祥。
- 離，九三，急躁以求附麗於人，必然招致衰敗而凶。
- 咸，九三，交感隨意而不專一，不知警惕將造成遺憾。
- 恆，九三，不能恆守貞正美德，不知警惕將受到羞辱。
- 井，九三，水井淘淨，還要汲水飲用，使大家同受福澤。
- 既濟，九三，戰爭剛停止，對小人先敬而遠之，待休養生息後再加以處置。

四・九四或躍在淵蓄積待發

乾卦（䷀）九四爻辭：「或躍在淵，无咎。」表示要不要向上飛躍？可由自己衡量各方面情況後，再做出自願的決定即可。因為躍或不躍所帶來的後果，必須自作自受，即使怨天尤人，也無濟於事。九四這一個小密碼的代號為「躍」，提醒我們：在飛躍之前，要先做好心理準備，然後才付諸實踐。

譬如履卦（䷉）九四「履虎尾」，象徵人走在老虎尾巴後面，當然非常危險。只要抱持「躍」那樣地戒慎恐懼，應該可以獲得終吉。否卦（䷋）九四「有命，无咎。」象徵非獲得上級命令，不敢有所作為，現在有了命令，正好符合自己的願望，可以放心地飛躍了。豫卦（䷏）九四「由豫，大有得。」自己有才能，上級又十分信任，一躍而飛，豈不是大有所得？噬（ㄕˋ）嗑（ㄏㄜˊ）卦（䷔）九四「噬（ㄕˋ）乾胏（ㄗˇ），得金矢，利艱貞，吉。」象徵在艱難中堅持貞正，不應當躍時便不躍，依理而行，可獲吉祥。離卦（䷝）九四「突如其來如，焚如，死如，棄如。」表示以不正當的方式急於求附於上，不當躍而躍，將遭遇滅絕的厄運。咸卦（䷞）九四「貞吉，悔亡。」由於兩情純真相愛，就不致受到傷害。少女打破以往平靜而有所動情，要躍或是不躍，應該認真考慮了。恆卦（䷟）九四「田无禽」象徵恆久地居於不正的位置，有如不敢躍而終至一無所獲。困卦（䷮）九四「來徐徐，困于金車」，象徵九四與初六應合時陷入困厄，如不急於跳躍，應可有終。未濟（䷿）九四「貞吉，悔亡。」意思是事情尚未完成，應當奮發努力，做好跳躍的準備，以促其成。各卦的九四，基本上都和「躍」這個密碼有密切的關係。

九四 **躍**

- 履，九四，走在老虎尾巴後面，必須戒慎恐懼，才能終吉。
- 否，九四，有了上級的命令又符合自己的願望，此時可飛躍了。
- 豫，九四，自己有才能，上級又十分信任，躍而有所得。
- 噬嗑，九四，在艱難中堅持貞正，不應當躍便不躍，能獲吉祥。
- 離，九四，以不正當方式急於求附於上，屬於不當躍而躍者。
- 咸，九四，少女打破平靜而有所動情，要認真考慮是否該躍。
- 恆，九四，久居不正位置，有如不敢躍而一無所獲。
- 困，九四，應合的時候陷入困厄，如不急於跳躍，應可有終。
- 未濟，九四，事情尚未完成，要做好躍的準備，以促其成。

五．九五飛龍在天居高臨下

乾卦（䷀）九五爻辭：「飛龍在天，利見大人。」這個小密碼的代號是「飛」，象徵陽氣上升到達頂點，乾陽造就萬物的功德已經告成，百果草木來到秋季也結了果實。一般來說，陽剛的最佳狀態，便稱為「飛」，居高臨下，一切事物，呈現出令人滿意的狀態。《易經》九五爻辭「无悔」或「悔亡」特別多，並沒有「凶」出現，足可見其尊貴。

屯卦（䷂）九五「屯其膏」，象徵艱難情況下，施恩的範圍必須適當縮小，以免虧損了根本。各卦都一樣，應保持「飛」得合理。需卦（䷄）九五「需于酒食」，表示等待的轉機已現，應當將德澤如同美酒佳餚一般施予人民。訟卦（䷅）九五「訟，元吉」，能明斷爭訟，必然大吉。比卦（䷇）九五「顯比」，象徵君主光明無私的親比之道，必定吉祥。履卦（䷉）九五「夬履，貞厲」，表示以果決貞正的態度行事，可免危厲。否卦（䷋）九五「休否，大人吉」，閉阻之道已經休止，對九五這位利見的大人，自為吉祥。坎卦（䷜）九五「坎不盈，祇既平，无咎。」即將度過險難，就算險陷尚未填滿，但小丘已經剷平，當然沒有禍害。咸卦（䷞）九五「咸其脢，无悔。」交感時反應遲鈍，有如感應在背肉一樣，卻也不致有所悔憾。益卦（䷩）九五「有孚惠心」，象徵誠心施惠於民，必然大獲吉祥。巽卦（䷸）九五「貞吉，悔亡，无不利。」能謙順中正而有所作為，自然吉祥。既濟（䷾）九五「東鄰殺牛」，表示事情大功告成，當虔誠儉樸地祭祀神明，以受其福。各卦九五都與「飛」有關，應當要合在一起想，用心體會。

九五 **飛**

- 屯 ䷂，九五，在艱難情況下，施恩範圍要適當縮小。
- 需 ䷄，九五，等待的轉機已現，應將德澤施予人民。
- 訟 ䷅，九五，能明斷爭訟，必然大為吉祥。
- 比 ䷇，九五，君主實施光明無私的親比之道。
- 履 ䷉，九五，以果決貞正的態度行事，可免危厲。
- 否 ䷋，九五，閉阻之道已經休止，對大人自有吉祥。
- 坎 ䷜，九五，即將度過險難，就算險陷尚未填滿也無禍害。
- 咸 ䷞，九五，交感於背肉之上，雖然遲鈍卻不致有所悔憾。
- 益 ䷩，九五，誠心施惠於民，必然大為吉祥。
- 巽 ䷸，九五，謙順中正而有所作為，自然吉祥。
- 既濟 ䷾，九五，大功告成，當虔誠儉樸地祭祀神明。

「飛」得恰到好處。

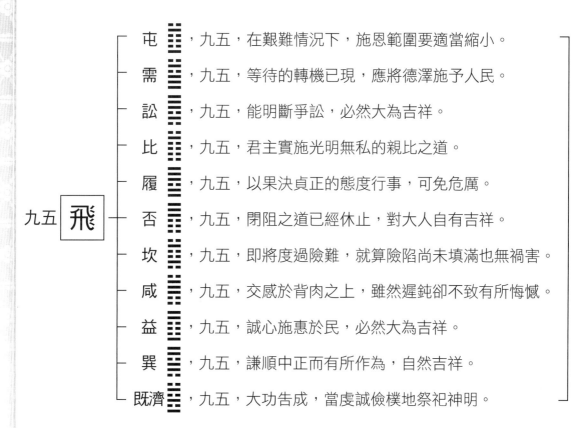

六、上九亢龍有悔盛極而衰

乾卦（䷀）是一個大密碼，內涵六個小密碼，分別為「潛」、「現」、「惕」、「躍」、「飛」「亢」。各卦六爻之中，倘若出現「初九」、「九二」、「九三」、「九四」、「九五」或「上九」時，最好都和相關的小密碼合起來看。因為其所揭示的要領，都分別和這六個小密碼，有十分密切的關係。上九的密碼為「亢」，表示「貴而无位」、「高而无民」，若能安靜不動，尚可無事；若要躁動，就必然招致悔恨了。上九是全卦「動、入、深、顯、靜、代」的最後階段，即將由於「物極必反」而「更換交替」，所以常常造成「處於窮極之地而不知變通，必然招致災難」，也就是「上易知」的道理，大多會盛極而衰。

蒙卦（䷃）上九「擊蒙」，象徵嚴管不能過分，不應該用來對待虛心受教的兒童。訟卦（䷅）上九「終朝三褫之」，表示以爭訟取得祿位，最後終將失去。履卦（䷉）上九「視履考祥」，最好能回顧踐履之道，考察各爻得失，決定返回原點，以樸實態度行事，才能吉祥。否卦（䷋）上九「傾否」，表示閉阻之道傾覆，即將通泰。噬嗑（䷔）上九「何校滅耳」，施刑治獄過於酷烈，必致凶險。賁卦（䷕）上九「白賁」，以質樸無華修飾自身，才能无咎。離卦（䷝）上九「王用出征」，對歸順者給予嘉獎，對不願親附者予以懲罰。未濟（䷿）上九「濡其首，有孚失是」，小狐狸渡河時還沾溼頭部，增加了渡水的困難，有失正道。各卦上九，大多告誡「凡事千萬不可過分」的道理，以免「亢龍有悔」，招致「盛極而衰」的惡果。

上九 亢

- 蒙䷃，上九，嚴管不可過分，不應該用來對待虛心受教的人。
- 訟䷅，上九，以爭訟取得祿位，最後也將失去。
- 履䷉，上九，回顧踐履之道，返回原點，以樸實態度行事。
- 否䷋，上九，閉阻之道傾覆，即將通泰。
- 噬嗑䷔，上九，施刑治獄過於酷烈，必致凶險。
- 賁䷕，上九，以質樸無華修飾自身，才能无咎。
- 離䷝，上九，對歸順者給予嘉獎，對不願親附者予以懲罰。
- 未濟䷿，上九，小狐狸渡河時沾濕頭部，有失正道。

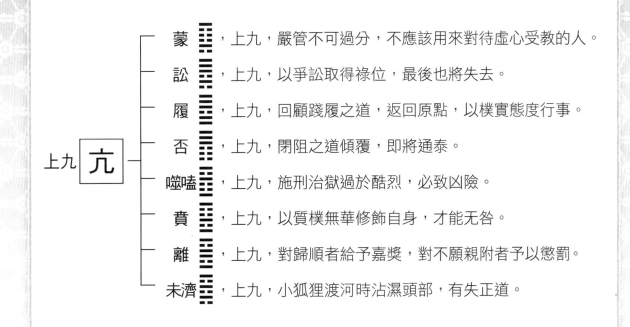

我們的建議

1 〈繫辭下傳〉曰：「乾、坤，其易之門邪（ㄧㄝˊ）！」乾（䷀）、坤（䷁）這兩個大密碼，各自含有六個小密碼，和其餘六十二卦，都具有十分密切的關係，所以說是《易經》的門戶。

2 又曰：「其初難知，其上易知，本末也。」「初」指初九或初六，意義比較難於知曉。「上」指上九或上六，意義較為容易明白。因為初爻反映事物的根本，上爻則反映事物的末端。根本可以造成很多變化，而最後結果通常十分明顯。

3 又曰：「二與四同功而異位，其善不同。二多譽，四多懼，近也。」「二」指九二或六二，「四」即九四或六四。二、四同屬陰位，二爻居下卦之中，通常多有稱譽。四爻靠近尊位，所以多有憂懼，最好致力於避免禍害。

4 又曰：「三與五同功而異位。三多凶，五多功，貴賤之等也。」「三」指九三或六三，「五」為九五或六五。三、五兩爻居於陽位，同樣具有陽剛的功能。三爻多凶險，五爻多功勞，主要是「三」居下卦的「究」位，而「五」為上卦的中位，兩者貴賤不同。

5 又曰：「不可為典要，唯變所適。」各爻的變化無常，不可以把前述的特性，視為固定不變，還要依據各爻和上、下爻的關係，以及有沒有相應的爻，再做深一層的分析。

6 乾、坤兩卦的陽爻和陰爻發生任何交易，都會產生不一樣的卦。在這種上下無常、剛柔相易的情況下，以乾、坤兩大密碼為依據，是有效的解讀要領。

《第五章》

坤卦密碼
和其它各卦有什麼關係？

卦中出現初六、六二、六三、六四、六五、上六，
都和坤卦密碼有關，最好參考相關爻辭。

六二、六四、上六，陰居陰位，為當位的爻，
初六、六三、六五，並不當位，任何一卦都一樣。

同為初六，在不同的卦，有不一樣的情況，
與各爻的關係不相同，產生的結果也就不同。

所有的變化，都是有條件的，
可以是這樣、也可能是那樣，由人來決定。

人的道德修養，可以改變密碼的結果，
事在人為，心想事成，在這裡得到充分的體現。

但是，人有侷限性，受到不一樣的限制，
也是人人不相同、不得不接受的差異性。

一・初六履霜要提高警覺性

坤卦（䷁）初六不當位，又是全卦的開始，這時候慎始的功夫至為重要。提高警覺性是良好的基礎。坤卦包含六個小密碼，由初六到上六，分別為「履霜」、「不習」、「含章」、「括囊」、「黃裳」與「龍戰」。

「履霜」的意思是：地面有霜，是自然現象，人看到這種現象，會有什麼樣的反應？可以在「初難知」的困惑中，看出一些端倪。無論用來「瞭解自己」，或者用以「瞭解他人」，都是很好的依據。一個人若是警覺性不高，無論要因應任何一種情況，恐怕都無法遊刃有餘。初六這個小密碼，代號為「履霜」，要旨則是「慎始」和「預警」，十分重要。

蒙卦（䷃）初六「發蒙」，象徵啟發蒙昧幼稚的開始，不能操之過急。訟卦（䷅）初六「不永所事」，表示不要長久地糾纏於爭訟，才能吉祥。師卦（䷆）初六「師出以律」，除了師出有名之外，還要一開始就有嚴明的紀律。比卦（䷇）初六「有孚比之」，只要誠心和上級親比，必有吉慶。否卦（䷋）初六「拔茅茹，以其彙，貞吉。」同伴們共同遵守貞正的原則，可以避免險阻而獲得通泰。謙卦（䷎）初六「謙謙君子」，憑藉謙虛的修養，應該可以涉越險阻。豫卦（䷏）初六「鳴豫，凶」，耽於安樂的名聲，倘若遠聞於外，必致凶險。同樣是初六，在蒙卦為吝；在訟卦為吉；在師卦是凶；在比卦是无咎；到了否卦可獲吉祥；謙卦也是吉；豫卦又成凶。因為在不同的「大密碼」（卦名）之中，處於不一樣的情境之下，而各個小密碼（爻辭）的關係不同，所以就會產生了不同的變化。

初六 **履霜**

- 蒙 ䷃，初六，發蒙；以往**吝**。
- 訟 ䷅，初六，不永所事，終**吉**。
- 師 ䷆，初六，師出以律，否臧**凶**。
- 比 ䷇，初六，有孚比之，**无咎**。
- 否 ䷋，初六，拔茅茹，貞**吉**。
- 謙 ䷎，初六，謙謙君子，**吉**。
- 豫 ䷏，初六，鳴豫，**凶**。

同為初六，由於大密碼（卦名）不一樣，處在不同的情境，和各個小密碼（爻辭）的關係也不一樣，所以有吉也有凶。

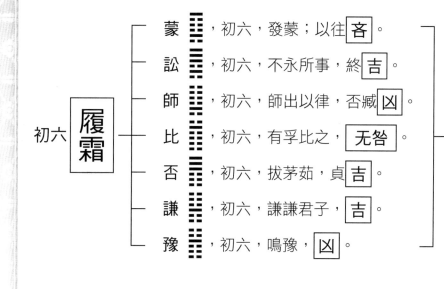

二、六二不習才能展現本真

坤卦（䷁）六二爻辭：「直方大，不習，无不利。」象徵人居大地之上，最好像地一樣真誠，表示自己心地光明，既正直又大方。這些良好的性質，應該是不經學習，便能自然而然地表現出來，這才是率真的本性。而且千萬不要胡亂學習，徒增錯誤的觀念或不良的習慣。它的代號是「不習」，重點即在「存真」——自然展現出善良的本性，不虛偽，不造作，更不存心欺騙，十分自在。

譬如屯卦（䷂）六二「屯如，邅如。乘馬班如，匪寇，婚媾。女子貞不字，十年乃字。」「屯如」、「邅如」都是指難以前進的狀態，六二在初九上面，有乘馬的象徵，卻由於受到初九的干擾，顯得停滯不前。這時候最好想一想坤卦六二的美德，自然而然地堅持原本和九五的婚約，不接受初九的威脅。誠心歸向九五，自然能破除了六二乘剛的苦惱。

比卦（䷇）六二「比之自內」，表示從內部親比於上，所以小象曰：「不自失也。」六二與九五相應，保持坤卦六二的直方大，不曾自犯過失，因而保持貞正，可獲吉祥。

否卦（䷋）六二「包承」，六二與九五相應，順承九五是應該的，但是極力阿諛奉承，已經違反了坤卦六二「直方大」的原則，也就是「以小人的心態來順應否的處境」，對小人而言，當然是吉；對大人而言，必然是否。

艮卦（䷳）六二「艮其腓」，意思是止住小腿，倘若九三想動，就不能以陰承陽。由於六二難以保持坤卦六二的美德，以致九三的心願受到抑制，所以說「其心不快」。

六二 **不習**

- 屯 ䷂，六二，女子貞不字，十年乃字。六二堅持原本和九五的婚約，是坤卦六二的美德。
- 比 ䷇，六二，從內部親比於上，不自失。六二依坤卦六二而行，保持貞正，因而吉祥。

→ 遵循坤卦六二，大多為吉。

- 否 ䷋，六二，包承。極力阿諛奉承，違反坤卦六二的精神。對大人而言，必然是否。
- 艮 ䷳，六二，艮其腓ㄈㄟˊ。倘若九三想動，六二就難以配合。違背坤卦六二的美德，其心不快。

→ 違背坤卦六二，大多不利。

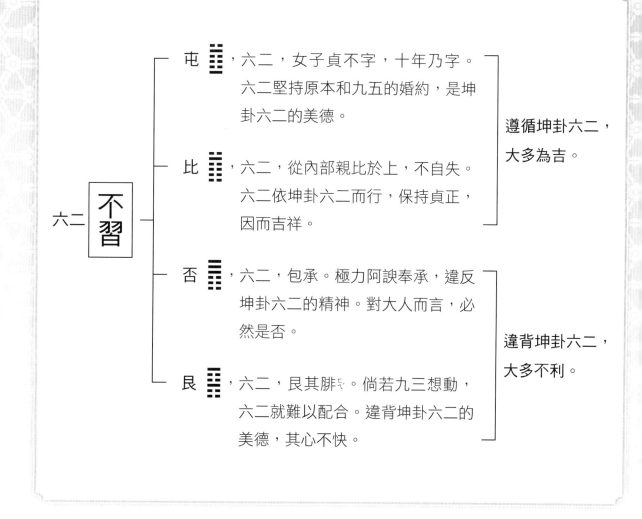

三．六三含章以求无成有終

坤卦（䷁）六三爻辭：「含章可貞，或從王事，无成有終。」這個小密碼的代號是「含章」，象徵一個人的內在美，在「利永貞」的堅持方面十分可靠。不管能力如何，總是可以保持正當的操守。從事公務時，既不能完全依循前例辦理，也不應該擅自做主，任意加以改變，必須有所困惑，思慮「在這種情況下，應該怎麼辦才妥當？」並不是為了搶功勞，因為所有功勞，都將歸於上級，自己但求有始有終，能夠忍辱、耐勞地把工作順利完成，便能心安理得。

譬如坎卦（䷜）六三「來之坎坎，險且枕，入于坎窞，勿用。」由於六三身處上坎下坎的夾縫之中，向上走是坎，向下走還是坎，所以說「來之（既往）坎坎」。反觀自己的處境，既不當位，又不居中，和上六也不相應，居然乘陵在下的九二，實在十分危險，於是記取坤卦六三的要旨「含章可貞，无成有終。」在這種不自量力的情境之中，採取暫且不動的對策，等待情況有所改善時再行動，所以說「勿用」。同樣是陰爻，為什麼六三可以勿用，而初六肯定為凶呢？因為初六雖然和六三處境十分相似，皆屬不當位、不居中，又沒有相應的援手，但更不幸的是，初六忘記了坤卦初六「履霜堅冰至」的警示，一下子就陷入了水底的漩渦，當然會有凶禍。但說它肯定為凶，也不很妥當，因為在「習坎」之前，只要做好心理準備，便不致「入于坎窞」，也就不凶了。六三至少明白自己所面臨的困惑，知道自己不能不量力而為。因此若能放鬆心情，不求有功，但求无成有終，記取坤的教訓，當然會對六三有利。

- 六三 **含章**
  - 習坎䷜六三
    前後皆險
    不宜妄動
    - 依坤卦六三而行
      - 自知來是坎，
        去也是坎。
        為了保持「利永貞」，
        不能輕舉妄動。
        含章以求无成有終，
        既然終久无功，
        不如暫時勿用。
    - 違背坤卦六三
      - 倘若不能利永貞，
        就會亂動而愈陷愈深。
        不能含章，
        勢必不自量力而妄動，
        那就十分危險了。

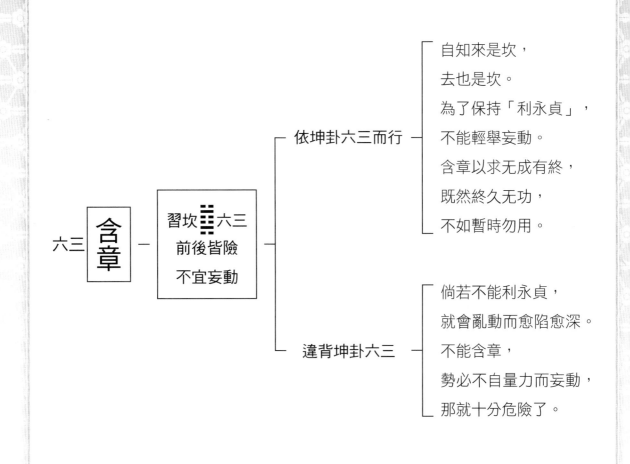

四、六四括囊守密无咎无譽

坤卦（䷁）六四爻辭：「括囊，无咎无譽。」必須守口如瓶，保密到家，才能沒有過失。由於默多於言，所以也不容易獲得稱譽。這個小密碼，代號是「括囊」，以不求有功，但求無過的心態，獲得上級的信任，不胡亂製造問題。

不求有功但求無過，這種心態絲毫不消極。「求有功」即貪，經常為了爭功而難以守密，更不能忍受「无咎无譽」的待遇；「求無過」才能小心警惕，不致大意失荊州，招來陰溝裡翻船的意外。實際上人是健忘的動物，只會記住他人的過失，很少能夠不忘他人的功勞。處於「功沒、過存」的人群社會中，但求無過反而比存心求有功，來得更為安全且減少損傷。

譬如既濟卦（䷾），六四爻辭為：「繻有衣袽，終日戒。」華麗的衣服，很快就變成破舊，便是「繻有衣袽」。意指當一個人成功之後，接踵而來的種種問題，很可能產生禍患，必須終日戒備，以防萬一。既濟卦下離上坎，象徵水在火上。火能夠把水燒開，所以「下離」是「初吉」，而「上坎」為「終亂」。六四剛好是「終亂」的開始，所需要的當然是坤卦六四的「括囊」，抱持著不求有功、但求無過的心態，稍有風吹草動，便不敢輕忽，終日提防戒備，所以說「終日戒」。倘若不是這樣的話，很可能裝水的壺瓶，就會有如新衣逐漸陳舊那樣，終因破舊而漏水，甚至會把下卦的火都給澆熄了，這豈不是「終亂」？我們也可以想像成當水壺漏水時，不妨利用破舊的棉絮設法加以堵塞，以期順利完成以火煮水的功能。堵塞漏洞和「括囊」的效用，應該是十分接近。

- 六四 **括囊**
  - 既濟䷾六四 新衣變舊 終亂開始
    - 依坤卦六四而行
      - 抱持不求有功的心態，
      - 但求無過。
      - 終日提防戒備，
      - 謹防各種禍患的產生，
      - 使終亂減到最低，
      - 必須利永貞。
    - 違背坤卦六四
      - 倘若仍然爭功諉過，
      - 警覺性又不夠，
      - 難保勝利的果實，
      - 很快就腐爛掉，
      - 產生很多後遺症，
      - 以致得不償失。

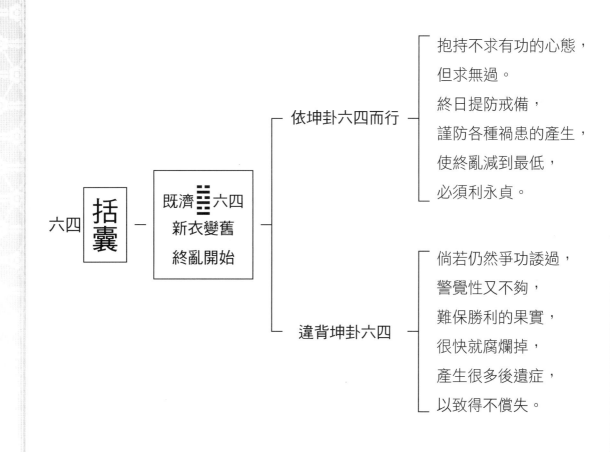

五、六五黃裳切忌功高震主

坤卦（䷁）六五爻辭：「黃裳元吉。」坤的特性在柔順，在各種顏色之中，黃色最能夠代表這種特性。《易經》常用的占斷辭，有「元吉、大吉、吉、无咎、悔、吝、厲、凶」等字詞。「元」是原本的意思，坤卦六五的表現，主要在以柔克剛，完全符合坤卦原本的精神。這一個小密碼的吉祥，來自於元始、原本就有的，所以稱為元吉。如果是這一爻特有的表現，那就是大吉或吉了。九五利見大人，有九二大力支持。六五比九五辛苦，必須靠自己極力保持柔順，以免功高震主，反而傷害了自己。謙遜的本色，對六五最為有利。

譬如艮卦（䷳）六五「艮其輔，言有序，悔亡。」「輔」是說話的器官，也是禍從口出的關鍵所在。一個人由下而上，能夠節制自己的腳趾頭、小腿、腰部、身體，這時候來到嘴巴，只要稍為大意，便可能前功盡棄，惹出一大堆風波。我們都知道「心壞沒人知，嘴壞天下聞」的道理，卻經常把持不住，一錯再錯，招來許多悔恨。「艮」是「止」的意思，「艮其輔」並不是停止說話，一個人不開口說話，怎麼能夠「言有序」呢？但是「言有序」談何容易！所以艮卦六五，按理說是有悔的。《易經》提出「悔亡」的占斷，便是原本有悔，可以設法使其消亡，具有積極的提示作用。最有效的途徑，即為比照坤卦六五的「黃裳」，使自己發揮柔順、謙遜的精神。有什麼事情，都不妨先聽聽別人的意見，自己多想想，不要急於表現，以免在無意中功高震主，反而傷害了自己。不妄言，才能保持合理的態度。修口德，即使十分不容易，也值得我們用心修練。

六五 **黃裳**

- 蒙䷃，六五，童蒙，吉。虛心受教，保持柔順的心態。
- 師䷆，六五，師出有名，將領合適，貞吉。倘若選錯主將，急功冒進，凶險。
- 泰䷊，六五，禮賢下士，廣納忠言，小人也可以變成君子。
- 謙䷎，六五，以謙下的美德從事征伐，也無所不利。
- 豫䷏，六五，保持貞正以防耽於安樂，可「恆不死」。
- 艮䷳，六五，節制言語，可防禍從口出。
- 未濟䷿，六五，君子的光采，有如冬天的太陽，溫暖可愛。

坤卦六五在不同情境，有不一樣的表現。

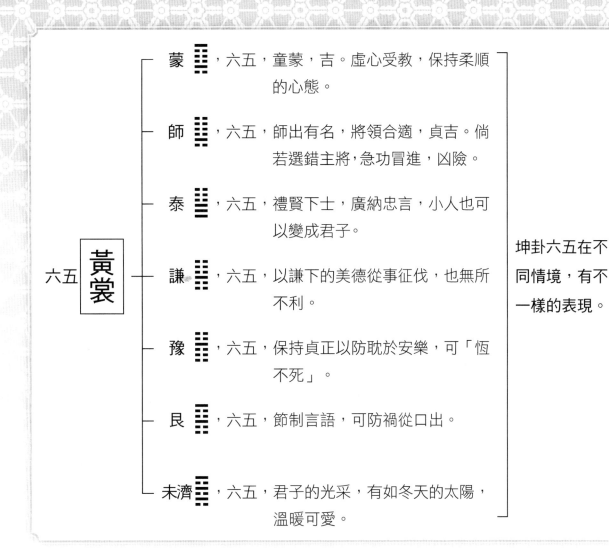

六、上六龍戰必然其血玄黃

坤卦（䷁）上六爻辭：「龍戰于野，其血玄黃。」古代把國的周邊以外地方稱為郊。再向外推，就成為野。上六陰盛至極，勢必走向反面。牝馬變成龍，再怎麼說也不是真龍，而是假龍。以假龍和真龍拚鬥，當然是窮途末路。

柔弱的水，冷凍到成為堅硬的冰，便以為自己和乾陽的亢龍一樣，至少可以相提並論了，殊不知，亢龍的性質是唯我獨尊，不容許有其它亢龍存在的。於是陽龍（上九）與陰龍（上六）戰鬥便勢在必行。《易經》的用意，是提出警告，希望陽龍不宜高亢，而牝馬也不要忘記「利永貞」乃是「利牝馬之貞到永久」的意思。雙方都不要過分，都要能自我克制，不能忘記自己所扮演的角色，如此才能相安無事，彼此分工合作，精誠團結，家和萬事興。

泰卦（䷊）上六，便是一個令人欣喜的小密碼。當天下趨於敗亂的時候，即使自己位正而有德，也不應該興師動眾，以免由於勞民傷財而憑添禍亂。最好的辦法，莫過於從自己的鄰近地區做起，告訴大家「治久必亂」的道理，期望大家由自己的家庭，推及所居住的社區，在安定中求取進步，逐漸撥亂反正，防止由泰而否，所以說「貞吝」。

倘若上六一定要龍戰于野，如何能夠持盈保泰？又如何得以慎始善終呢？各卦的上六，既然與坤卦上六脫不了關係，就應該記取「龍戰于野，其血玄黃」的慘痛教訓，隨時以「物極必反」來提高警覺，勉勵自己凡事適可而止。在不同情境下，做出不一樣的因應措施，才符合易學「不執著」的精神。

上六 **龍戰**

- 龍戰于野是警戒語，最好不要變成事實。
- 謙卦六爻皆吉，便是上六的最佳示範。
- 鳴謙表示處於謙的極位，仍然有良好的聲譽。
- 只要隨時隨地不忘謙的道理，可保上六化險為夷。
- 泰卦上六的啟示，也是防止由泰入否的良好策略。
- 上六要記取龍戰于野的慘痛教訓。
- 保持柔軟，謙順，配合的良好心態。
- 應該可以避免物極必反的不良後果。
- 但是，在六五時就要及時自制，以免陷入上六的危機。
- 適可而止，是用九、用六的共同規約。

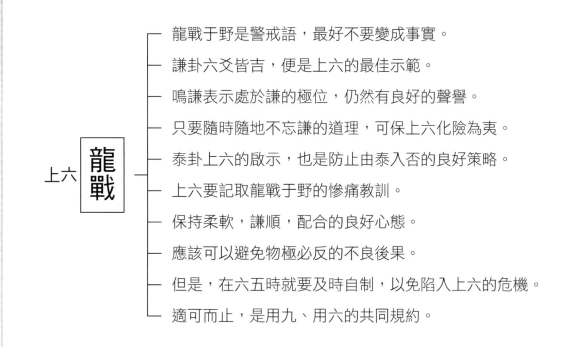

我們的建議

1 〈繫辭上傳〉記載：「乾坤毀，則无以見易。易不可見，則乾坤或幾乎息矣。」易和乾坤同時存在，也同時毀滅。倘若乾（䷀）、坤（䷁）兩卦毀滅不存，就沒有辦法表現易的道理。乾、坤這兩個大密碼，和每一個卦都有密切關係。

2 坤卦六爻，也就是坤這個大密碼所包含的六個小密碼，和其它各卦的六個小密碼，也都有不可分離的關係。實際上就是坤卦六個小密碼，在不同情境下的靈活運用，分別做出合理的因應，便能獲得吉祥，反之則為凶。

3 和乾卦六爻一樣，也是初難知、上易知；二多譽、五多功；而三多凶、四多懼。在每一個相關的階段，出現相同的警訊，必須妥為調整，以求順利渡過難關。

4 「利永貞」是坤卦六個小密碼的共同規約，不能違背。因為坤卦六個小密碼，都是以柔順、配合、落實為根本。順著去做大多能合理而妥當；逆而行之大多不合理且可能闖禍。

5 乾九自強不息，坤六大施大捨，兩者交互作用，相輔相成。陽代表精神，陰即為物質。乾象不可見，我們所見到的，都是坤象。乾的虛無，必須入於坤，才能成為實有。

6 我們從小畜（䷈）和大畜（䷙）這兩卦的密碼之中，可以看出它們和乾（䷀）、坤（䷁）兩卦的關係，從中體會「九」和「六」在每一種不同情況下，所產生的不同變化。

《第六章》

為什麼要研究
小畜和大畜？

小畜一陰統蓄五陽，象徵以小畜大，
也可以看成天畜風，陽畜陰，所畜者小。

天是能畜，風是所畜，「能」、「所」配合最要緊，
畜到好像被畜一樣，這才是真正的高明。

大畜以天畜山，所畜為陽，所以稱大，
也可以想像成天為山所畜，實在是大畜。

由小畜而大畜，循序漸進不停滯，
是大家共同的希望，關鍵在於各自用心去實踐。

大畜、小畜是不同的畜積狀態，
品德和物質同等重要，但是比重不同。

天能畜、地能藏，兩者各有所長，
合理的發展與應用，可視為其共同目標。

一・人人希望由小畜而大畜

乾卦（䷀）〈文言〉說：「同聲相應，同氣相求；水流濕，火就燥，雲從龍，風從虎；聖人作而萬物睹。本乎天者親上，本乎地者親下，則各從其類也。」我們觀察自然現象，凡是聲音相同的，必然互相呼應。氣質相近的，也彼此求合。觀察水流，一定向著潮濕的地方；火燒的方向，則為乾燥的地方；龍飛躍時有雲氣護身；虎吼叫時，隨風震動山谷。自然感應的現象，同樣會出現於人類社會。聖人和百姓同樣是人，具有相同的感覺。聖人受萬民敬仰，連帶萬物也被歸化了。透過觀察可以發現：天體（日月）是運動的，動物受氣於天，都喜愛活動。地質（山石）是固定的，植物的根部，也固定不動。天下事物，都依其同類而相從。所以〈繫辭上傳〉曰：「方以類聚，物以群分。」天下人各以其道而聚合，萬物也按群體不同而區分。人類也跟著由小畜而大畜，無論在品德、事業、財富、名望、聲譽、人緣，甚至於字畫古董、奇珍異石，都是由「小有聚積」到「大有畜積」。

大富人家，莫不是由平日一點一滴所累積而成；汪洋大海，也是由各方的細水長流所匯聚而來。高山大多由平地甚至於海底所隆起，摩天大樓也是由底部一層一層蓋起來。天大的數目，都是由「一」開始；再偉大的人物，也是母親懷胎十月所生，從嬰兒一路學習、奮鬥而成。中華民族，自古以來便重視積畜。有了積畜，必要時可以幫助他人、濟助貧困，到了老年，還能夠維持自己的生活，不必增加社會的負擔。由此觀之，由小畜而大畜，一直是「勤儉致富」的大道，也是中國人的良好美德之一。

小畜 ䷈ → 大畜 ䷙

小畜	大畜
天（☰）畜得了風（☴）， 風（☴）畜不住天（☰）。 小畜是風調雨順的象徵。 必須趁著好收穫， 有一些小積蓄。 中華民族重視積畜， 這是一種美德。 勤儉致富，至少可以脫離貧困。	天（☰）畜得住山（☶）， 山（☶）畜不了天（☰）。 大畜是可大可久的精神。 所畜必須十分充實， 才能取之不盡、用之不竭。 中華民族重視大道， 陰陽兩面兼顧並重。 物資豐富，還需要日新其德。

倉廩（ㄌㄧㄣˇ）實而知禮節，衣食足而知榮辱。

二、大畜小畜來自辛勤勞作

畜的意思，原本是畜積或畜養。不論是田中作物豐收，可供畜積，或是畜養動物，以供必要的使用，都是需要經過辛勤勞作後，才能獲得的良好收獲。「畜」和「蓄」互通，勤勞是畜積或畜養的基本條件，不勞而獲的行為，則為大家所輕視。然而「不勞動不得食」的主張，對年老、體弱的人相當不利，所以衍生出積畜、儲備等未雨綢繆的方法。另外，「畜」也有「含蓄」的內涵。

「小畜」指在小田勞作，有小蓄積；大畜指在大田勞作，才有大蓄積。小畜卦（䷈）下乾上巽，乾為天、巽為風。風行天上，象徵天上刮著風，尚未下雨。雲雖密而雨未降，乃是因為水氣聚集得還不夠厚。全卦一陰五陽，陰為小，陽為大，以一陰畜五陽，顯然是以小畜大，以寡畜多，所以稱為小畜。上巽（☴）有半坎（☵）的象，表示水氣的含量不足。畜又有止的意思，以一陰止五陽，是以小止大，當然是小畜。大畜卦（䷙）下乾上艮，艮為山，有止的意思。乾為天，屬陽為大，所止者大，所以稱為大畜。實際上下乾是陽卦，上艮也是陽卦（☶），山在天上，根本不可能出現這樣的景象，只能說山得到天的陽氣，貯藏在山谷之中。山中畜積著大量的動植物和礦石，都需要吸收山中的大氣，以充實其自身的能量。這種大量畜積的狀態，便是大畜。巽為陰，天為陽，以小（巽、陰）畜大（天），為小畜。到了以大（艮、陽）畜大（天），便成為大畜。烏雲密佈，快下雨了，趕快把東西收集起來，當然是小畜。山中寶藏，要如何開採利用，便不是烏雲所能決定的，因為那是大畜。

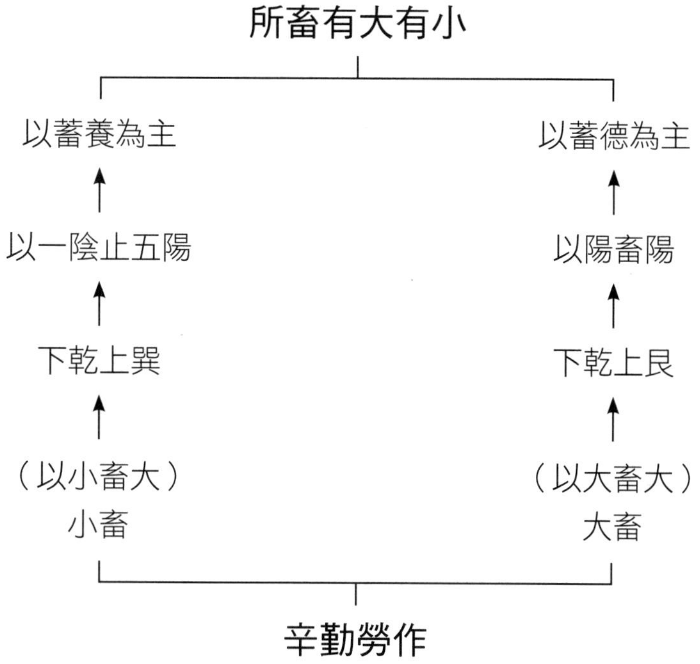
所畜有大有小
以蓄養為主
以一陰止五陽
下乾上巽
（以小畜大）
小畜
以蓄德為主
以陽畜陽
下乾上艮
（以大畜大）
大畜
辛勤勞作

三。小畜和大畜都是大密碼

小畜卦（䷈）是一個大密碼，告訴我們「如何秉持中道開發物力，以提升自己的品德修養來化育萬物」的道理。全卦六爻，分內外兩卦。內卦為乾為天，代表人的所作所為必須合乎天理。外卦為巽為風，表示人類生命需要空氣和風雨的調節。內在的品德與外在的開拓，如何合理配合，是「小畜」這個大密碼所要揭開的祕密。

卦辭曰：「小畜，亨；密雲不雨，自我西郊。」天上烏雲密佈，還沒有下雨，象徵「密雲不雨」的客觀條件已經出現，至於能不能「及時下雨」，仍然要看我們自己的修為。當年周文王在西岐，自知準備尚未妥當，所以不敢輕舉妄動。小畜的「亨」，不過是代表有希望，但仍須努力。

大畜卦（䷙）也是一個大密碼，告訴我們「守正與養賢，是精誠團結，可久可大的基本原則」。內卦為乾為天，代表人的所作所為，必須合乎天理。外卦為艮為山，象徵人的所作所為，應該受到合理的制止，以求適可而止。天地之間，有很多山脈，蘊藏著大量的資源，如何開採、利用？考驗著人類的品德修養。物性與人性的妥善配合，是大畜卦這個大密碼，所帶給我們的寶貴啟示。

卦辭曰：「大畜，利貞，不家食，吉。利涉大川。」「不家食」指不待在家裡吃閒飯。「利涉大川」則是向外求發展，努力進行才有利。大環境守正，能禮賢下士，大家就應該勇敢地站出來，為大眾服務，精誠團結，就算有災難，也有辦法解除困厄。大家惜緣、惜福，自然會有大的發展。

- 畜
  - 大畜 ䷙
    - 守正
    - 養賢
    - —— 精誠團結，是可大可久的基本原則。
  - 小畜 ䷈
    - 開發物力
    - 提升品德
    - —— 內在品德與外在開拓，取得合理配合。

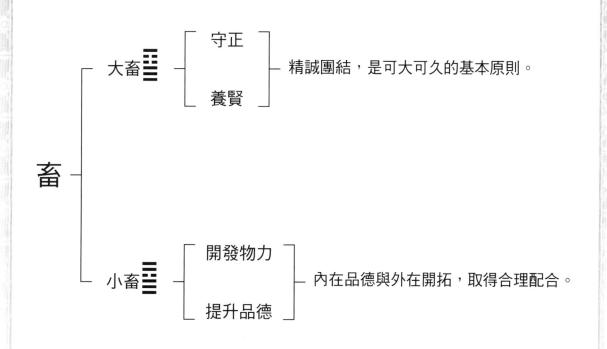

四．意志堅強才能小畜大畜

小畜卦（䷈）和大畜卦（䷙），都是乾卦（☰）居下，象徵意志堅強，不怕挫折，奮力向上。乾為天，原本高高在上，為了有所畜養、能夠蓄積，必須陽氣下降，形成自下向上的力量才能有所作為。小畜卦（䷈）密雲不雨，主要是陽氣穿越雲層，把烏雲中的陰氣沖開了，當然無法降雨，倘若陽氣畜養成陰氣，互相配合，以陽化陰，使烏雲變成雨，那就能降下甘露，有好的收穫，可以小有蓄積了。下乾的陽氣，必須意志堅強，不喪失勇氣、不放棄向上的努力，也不過分剛健，把烏雲都沖散了。唯有秉持正道，無過與不及，才能化育萬物，達成小畜的功能。小畜卦辭中的「自我西郊」，指的便是衡量自己的實力、做出合理的表現，以求確保效果的展現。

大畜卦（䷙）彖辭曰：「大畜，剛健篤實輝光，日新其德。剛上而尚賢，能止健，大正也。不家食吉，養賢也；利涉大川，應乎天地。」天剛健，所以少私欲。山篤實，因此不虛浮。天和山同樣具備光明的德性，發出光輝，有如人的美德，天天都在增進。上艮為陽卦，由於能夠崇尚賢士，看起來好像山畜天那樣，以小畜大，實在是至大的正道。試想，明明是天畜山，卻能夠呈現山畜天的模樣，這是何等的胸懷！不使賢士在家裡吃閒飯，是養賢的表現。像渡過大河那樣地有利，也是行動合乎天道的效果呈現。

「天行健，君子以自強不息」，應該就是天能畜的最大動力。至於所畜者大，或者所畜者小，只要秉持中道而行，都能有益於人群社會。只要能意志堅強，自然就會有所成就。

- 下乾
  - 意志堅強
    不怕挫折
    奮發向上
    持續不已
    - 小畜 ䷈
      - 乾在下，陽氣往上升。
        倘若把烏雲中的陰氣沖開了，
        根本降不下雨來。
        如能陽氣畜養陰氣，互相配合，
        以陽化陰，烏雲變成雨，
        有好收穫，自然有小畜。
    - 大畜 ䷙
      - 乾在下，陽氣往上升。
        使山谷中充滿生的氣息。
        萬物都獲得適當滋養，
        生草木、聚禽獸，生生不息。
        畜道德仁義，贊天地化育，
        人類盡了最大的責任。

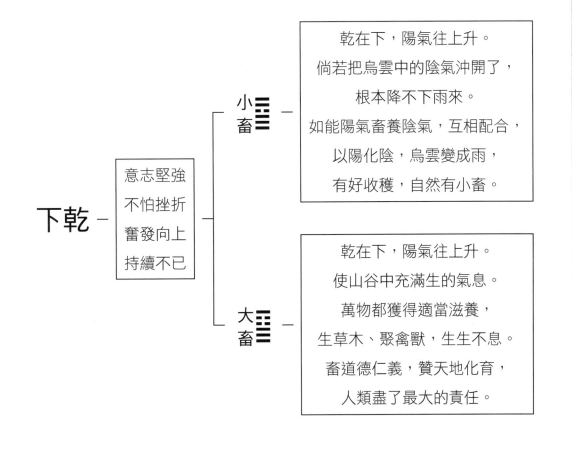

五、乾陽能畜還需要有所畜

天能畜，除了乾卦（䷀）之外，還可以畜積其它七個卦，分別為：地天泰卦（䷊）、山天大畜（䷙）、水天需卦（䷄）、風天小畜（䷈）、雷天大壯（䷡）、火天大有（䷍）、以及澤天夬（ㄍㄨㄞˋ）卦（䷪）。如果把天改成上卦，其它七個卦換成下卦，則成為：天澤履卦（䷉）、天火同人（䷌）、天雷无妄（䷘）、天風姤（ㄍㄡˋ）卦（䷫）、天水訟卦（䷅）、天山遯（ㄉㄨㄣˋ）卦（䷠），以及天地否卦（䷋）。我們可以把「天在上」和「天在下」所構成的卦，逐一加以比對，不難發現「天在下」的卦，由於乾陽的氣由下向上，更加方便與上卦產生互動；而「天在上」的卦，則由於乾陽的氣向上，與下卦的氣很難造成互動，也因此，大致上是以「天在下」的卦較為有利；「天在上」的卦，與下卦的互動則較為不利。

乾（天）的形體，並沒有什麼作用，倒是它的精神，能夠創造萬事萬物。乾卦（䷀）彖辭曰：「大哉乾元，萬物資始，乃統天。」表示乾元的精神大過天的形體，可以畜積任何事物。天所畜的，若是陽卦（多陰的卦、如震、坎、艮），由於陽為大，所畜者大，因此稱為大畜。如果所畜的是陰卦，包括巽（☴）、離（☲）、兌（☱），所畜者小而稱為小畜。可見大畜和小畜的概念，能夠擴展延伸開來，凡是蓄積精神多於物質的，便是大畜，反之即為小畜。

原來大畜、小畜，不過是一種不一樣的畜積狀態。所畜的精神或物質，都不僅僅是有所畜而已，而是有所畜還要有所發展，才能展現出應有的功能。能畜、有所畜，還要自強不息，由大而小，從下學到上達，一路發展下去。

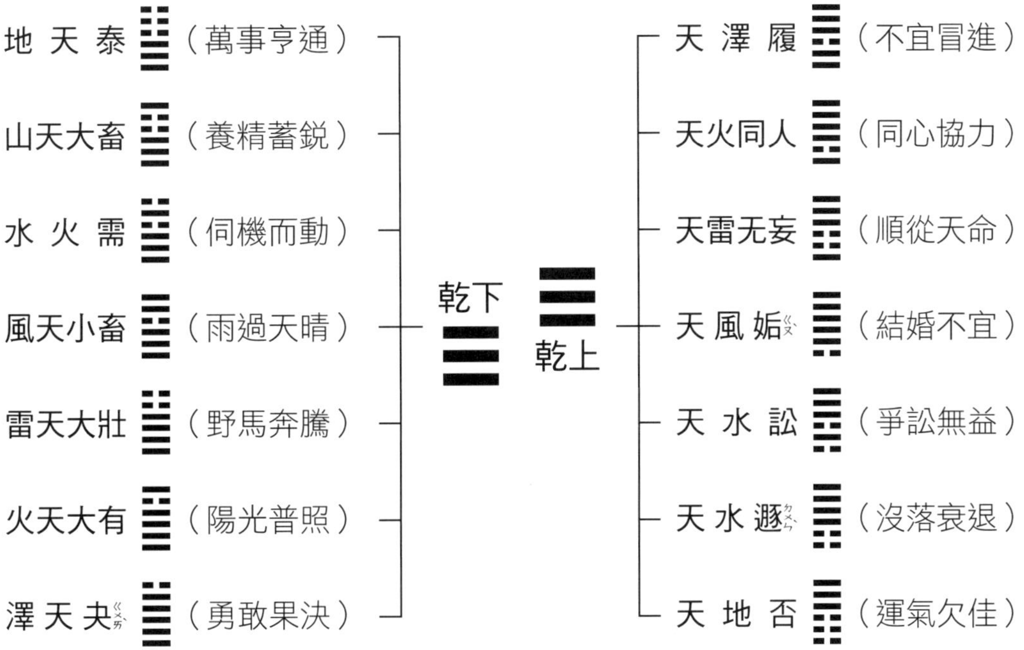
地天泰（萬事亨通）
山天大畜（養精蓄銳）
水火需（伺機而動）
風天小畜（雨過天晴）
雷天大壯（野馬奔騰）
火天大有（陽光普照）
澤天夬ㄍㄨㄞˋ（勇敢果決）
乾下
乾上
天澤履（不宜冒進）
天火同人（同心協力）
天雷无妄（順從天命）
天風姤ㄍㄡˋ（結婚不宜）
天水訟（爭訟無益）
天水遯ㄉㄨㄣˋ（沒落衰退）
天地否（運氣欠佳）

六、天能畜地能藏各有所長

乾卦彖辭禮讚「大哉乾元」，大到可以無所不包，也無所不畜。坤卦彖辭同樣禮讚「至哉坤元」，可以乘載萬物，還能夠蘊藏很多寶貴的礦物。天能畜、地能藏，真是各有所長。那麼，居於天地當中的人呢？應該要明白小畜和大畜的道理，發揮自主性和創造性，不但能畜能藏，而且還能夠善用，使萬物獲得合理的生長、發展和效用。人生的責任在於「成己」與「成物」。「成己」指格物、致知、誠意、正心、修身；「成物」即齊家、治國、平天下。我們身為「萬物之靈」，至少應該致力於下述三大目標，以發揚畜積的精神：

㈠寧可富於道而貧於物，不可富於物而貧於道。皇帝自稱寡人，是一種謙虛的美德——什麼都有，只是寡於品德，希望大家在道德方面，多加補足，所以自稱寡人。道士自稱貧道，也是自勉的意思——什麼都能貧，就是不能貧道。道器合一，是理想狀態，倘若不能均衡，寧可偏向於道，不能重物輕道，只畜物而不畜養品德。

㈡事業要以品德做基礎，不能為求事業發展而缺德。人生什麼都可以缺，就是不能缺德，這種德本財末的觀念，現代人幾乎忘得一乾二淨。嘴上念念不忘的反而是「沒有錢萬萬不能」，害人害己，實在是不明畜養的真義。

㈢財物如風，來得快去得也快。道德如山，更加可靠。小畜卦（䷈）和大畜卦（䷙）最主要的差異，在於「巽上」和「艮上」。巽為風，畜積物質像風一樣，易聚也易散。唯有修養品德才能像艮（山）一般可長可久，而且愈累積愈可靠。

畜止之道

寧可富於道而貧於物，
不可富於物而貧於道。

事業要以品德做基礎，
不能為求事業發展而缺德。

財物如風，來得快去得也快，
道德如山，愈畜積愈穩固。

能畜能止，
務求合理。

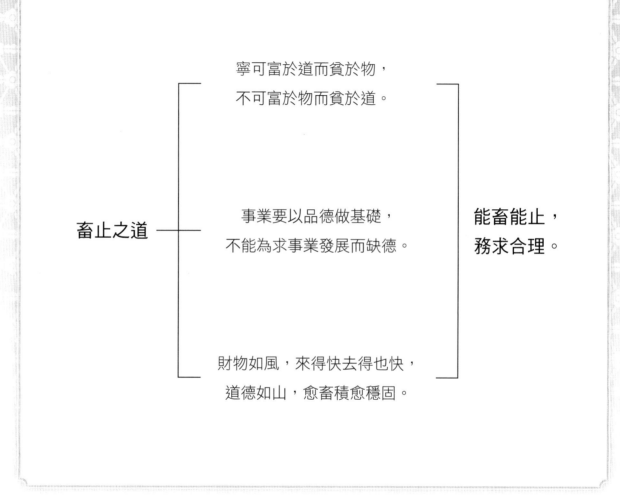

我們的建議

1 畜的意思，一方面是積畜、畜養，一方面則是止息。能畜不能止，是守財奴。貨幣稱為通貨，便是要守住，也需要流通。要適當的止息，而不是盲目地止息，這才是畜的真義。當用不省、當省不用，最能表達儲畜的要領。

2 六四爻是小畜卦（䷈）的卦主，以一陰面對其他五陽，表示所能畜養的不多，而急於畜養的人，實在太多。天下的資源，不敵天下人的貪得無厭的欲望，最好以小畜為戒，適當地畜積，不可需求無度，招來凶禍。

3 人聚集在一起，也是畜的表現。不能志同道合，終將四分五裂。大家比財富，聚得快散得也快，不如比品德，君子之交淡如水，沒有利害關係，比較能夠長久。

4 天大的數目，也是從「一」開始。沒有「一」，一萬個「零」也是徒然。歸零不過是準備動作，有了「一」，才有了真正的開始。一、二、三，讓我們從「小畜」開始著手累積。

5 一點一滴，可以累積如山，但是在過程中，經常會有風的干擾。存一點，吹光光；留一滴，立即吹掉……小畜以風「巽」為戒，大畜以山「艮」為目標，實在很有道理。

6 在比卦（䷇）之後有小畜（䷈），而无妄卦（䷘）之後有大畜（䷙），是什麼原因，做出這樣的排序？我們在研究小畜、大畜之後，最好也看看〈序卦傳〉有什麼說法？

《第七章》

小畜卦六爻

說了些什麼？

小畜一柔（六四）畜五剛，以小畜大，
象徵陽剛畜止，而陰柔反而在蓄積。

下乾能畜，表示陽剛在止畜，
上巽為下乾所畜，象徵有所蓄積。

原先是陰陽尚未調和，所以密雲不雨，
而後陰陽中和平衡，自然雨過天青。

小富由儉，可以自己堅持原則而行，
大富由天，除了自己努力，還要看得開。

勤勞、節儉、樸實、安全是必備條件，
由克己、自主而積小成大，才是正確的道路。

小畜要從可靠的東西著手，
所以誠信十分重要，以免白忙一場。

一．復自道重視克己的功夫

小畜卦（䷈）彖辭曰：「小畜，柔得位而上下應立，曰小畜。健而巽，剛中而志行，乃亨。密雲不雨，尚往也；自我西郊，施未行也。」說明了小畜卦的卦象、爻象和義理。

「柔得位」指全卦唯一的陰爻六四，陰居陰位，所以說得位。其餘五陽爻，不論在上或在下，都和它有所感應。下卦乾為健，上卦巽為順。九二、九五以剛居下卦和上卦之中，都是剛中，有志小畜得以施行，因而亨通。卦象顯示烏雲滿天，都是密雲不雨，原因是下乾的陽氣尚在向上發展，由下往上，俗語說：「雲往東，一場空；雲往北，只空里；雲往南，水潭潭；雲往西，馬濺泥。」「自我西郊」指的是雲往西，陽與陰的交合，剛剛施展而尚未能暢行。

初九爻辭：「復自道，何其咎？吉。」小象曰：「復自道，其義吉也。」道指下乾的天道，也就是陽剛之道。下乾為能畜，初九是畜的開始，陽居陽位，又與六四相應。倘若以陽（初九）為陰（六四）所畜，便是以小（陰、六四）畜大（陽、初九），很難有大的收穫，因此初九必須自求返回乾陽的正道，憑藉自身的陽氣，才能无咎，不為六四所畜，恢復自己的能畜力量，這種做法十分合宜，所以終獲吉祥。就個人來說，要自立，求自力更生，不依賴他人，才能奠定小畜的良好基礎。從組織來看，必須自給自足，先求收支平衡，再進而求有小積蓄，不但脫離貧困，而且能夠有小盈餘，做為小畜的起點。首要的條件，必然是勤勞、節儉、樸實、安全，這就是「復自道」，成為向上行的基礎。

小畜 ䷈

初九，復自道，何其咎？吉。

初九以陽爻居陽位，既當位又與六四相應。是小畜的開始，最擔心的是被六四所畜養，成為以陰（六四）畜陽（初九），也就是以小畜大，很難有大收穫。最好的方式是：初九恢復自己的本性，以陽剛之氣，走乾陽正道，以勤勞、節儉、樸實、安全為基本原則，自立而不依賴他人，先求自給自足，再逐步求得小畜。採取這種合宜的心態，又會有什麼禍害呢？當然是必獲吉祥。

重視克己的功夫，自立自強。

二、牽復克己是小畜的關鍵

小畜卦（䷈）大象曰：「風行天上，小畜；君子以懿文德。」下乾為天，上巽為風，從卦象來看，好像風行天上，實際上，風還是在天的下面，只是愈靠近人群的，愈引不起眾人的注意，而高到好像在天的上面，眾人才會仰目注視，且充滿敬意。君子畜養自己的聲望，最好能效法風行天上，並以此來美化人文道德。做到先效法先賢，後樹立自己的風格。

初九是第一個小密碼，代號為「復自道」。有人提攜、協助、指導，固然很好，卻不要因此而養成依賴的不良習慣，反而害了自己。恢復自立，務求自力更生，應該是首要的覺醒。由於「復自道」實施起來有相當的難度，所以九二爻辭接著出現第二個小密碼：「牽復，吉。」「牽」指牽連，也就是影響。九二居下乾之中，原本具有乾陽正道，卻由於陽居陰位，很容易受到六四的引誘，接受它的畜養。幸好初九這位良好的領頭羊，率先返回陽剛正道，促使九二也深受影響，勇於克己而復返自身，當然吉祥。

九二小象曰：「牽復在中，亦不自失也。」

下乾是能畜，才能畜積上巽。倘若下乾不能畜，反被上巽所畜，恐怕一陣風吹過去，什麼都畜不住。九二是下乾的中爻，為小畜的關鍵，能夠堅持自立的原則，不喪失自己應有的陽剛之道，才不致造成不能畜積的過失。

就個人而言，若能在初九階段養成自立的良好習慣，進入九二階段時，只要持續堅持原先的原則，應該就可以有效地克制自己，不受外力影響，能夠依循正道而行，完成小畜任務。

小畜 ䷈

九二，牽復，吉。

九二以陽居陰位，雖不當位，卻是下乾的中爻，稱為剛中。九二是下乾能畜的老大，由於受到初九這位良好領頭羊的正面影響，同樣不接受六四的引誘，堅持自立的正道。九二比初九更接近六四，也就更容易受到六四的引誘，能夠不喪失自身的立場，終於成為小畜的關鍵人物，當然吉祥。就個人來說，堅持了初九的開端，有良好的開始，進入更高的位置後，仍然不受外來的引誘，實屬難能可貴。

堅持自立原則，成為小畜的關鍵。

三、財富處置不當易生災害

小畜卦（䷈）九三爻辭：「輿說輻，夫妻反目。」

從個人的修為看，初九到九三，是養成能畜的三個階段。初九克己，九二再克己，到了九三，按理說應該已經養成了良好習慣，不容易敗壞。但是天下事有陰就有陽，才合乎「一陰一陽之謂道」。到了九三階段，也可能受到六四的乘陵，逃不過六四的誘惑，就像一位不能與妻子同心協力的剛愎丈夫，由於意見不同，竟然導致夫妻反目成仇的悲劇。

「輿」是車輛，「說」為脫落或脫離，「輻」即車輪的轉軸。下卦為乾，依〈說卦傳〉所言「乾」為圜，象徵車輪。由於九三急於上行，而九二、初九合力將其拉回。這樣拉拉扯扯，又進又退，弄得車輪的輪軸脫落，這和夫妻反目的情景十分相似。一個人對於財富的觀念，一旦出現矛盾或扭曲，自身所引起的天人交戰，經常和這一個小密碼所描述的情景若合符節。

若是把下乾視為一個能畜的組合體，初九是領頭羊，九二是老大，九三便是大老。按理說，大老應該支持老大，協助老大完成小畜之道，可惜九三在六四的柔性攻勢之下，未能堅守自己的立場。所以小象曰：「夫妻反目，不能正室也。」夫妻原本應該和諧互助，同心協力，才合乎家室相處的正道。夫妻反目，當然是「不能正室」的警訊。上巽為長女，象徵妻子，九三、六四、九五（☲）有離象。二陽一陰，陽代表潔白，陰表示昏黑。眼睛白多於黑的時候，大多為怒目。乾下巽上，加上離象，合起來看便是夫妻反目，象徵財富處置不當，引發家庭不和，容易招致災害。

小畜 ䷈ 九三，輿ㄩˊ說ㄊㄨㄛ輻ㄈㄨˊ，夫妻反目。

「輿ㄩˊ」指車輛，「說ㄊㄨㄛ」為脫，「輻ㄈㄨˊ」是車輪的轉軸。九三以陽居陽位，原本當位，卻是下乾的極位，過於剛健而不遵守中道。下乾為能畜，理應自立。九三為六四所乘陵，在六四柔性攻勢下，不與九二、初九採取一致的立場，反而為六四所畜養。九二與初九極力反對，並合力將九三拉回，這樣拉來扯去，致使車輪的轉軸脫落，車輛難以行動，象徵財富處置不當，導致家庭失和，夫妻反目，容易招來災害。

對於財富的觀念出現矛盾或扭曲，為害甚大。

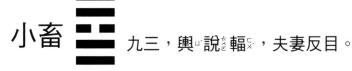

四・誠信畜養長上才能无咎

小畜卦（䷈）乾下巽上，各有三個小密碼。乾下代表「能畜」，巽上則為「所畜」。巽為風，飄忽不定，象徵所畜的流動性很大，往往來得快去得也快。乾為天，原本高高在上，為了把風畜住，這才放下身段，把風捧得高高地，以示珍惜、看重，並設法使其合理流通，符合小畜的要旨。

六四爻辭：「有孚，血去惕出，无咎。」小象曰：「有孚惕出，上合志也。」這一個小密碼，代號是「有孚，合志」。「有孚」是誠信的意思，「合志」指與長上心意相合。六四是小畜卦的主爻，以一陰統畜眾陽，以小畜大，實在不容易。在全卦三個陰位之中，只有六四以陰居陰，自己當位，又與初九相應，可以互相支援。六四以誠信表達對初九的支援，初九以自立來呼應六四的誠心。因此，初九並不是因為得不到支援，才不得已而自立，而是自知即使有靠山也不能依賴，如此自發自覺的自立，才更顯得可貴，在九五和六三兩陽爻中間，上下都有感應。「血」指受傷流血的危險，「血去」便是從血泊中離去，意即脫離危險。「惕」是警惕，從惶恐，憂懼中脫出，即為「惕出」。六四膽敢以一陰爻來引誘下乾三陽爻，或者存心畜止下乾能畜的願望，主要是因為中正位尊的九五，給予充分的支持。六四與九五這位長上心意相合，對上、對下都心懷誠信，所以能夠脫離危險、排除憂懼，而免遭傷害。六四是上巽的開始，也是下乾所畜的第一印象。由於誠信可靠，才吸引下乾的目光，也因為九五的大力支撐，才能避免犯陽之過，所以无咎。倘若不夠份量，未能引起下乾的注意，那就不符合小畜的要求了。

小畜 ䷈ 六四，有孚，血去惕出，无咎。

六四是全卦中唯一當位的陰爻，上有九五秉持中正剛健的原則，充分給予支撐，下與初九相應，與九五、九三構成離象，誠信光明。對下乾三陽爻有很大吸引力，對九五又能心意相合，所以成為全卦中的主爻，得以脱離危險，掃除憂懼，而免遭傷害。否則以一陰想要畜止三陽，難免會有犯陽之過，怎麼能夠无咎呢？下卦所想畜養的，當然是誠信的對象，所以九五才會全力支撐。

心懷誠信以畜養長上，可以免除禍害。

五。富貴共享是小畜的佳境

到底是天畜養風，還是風畜養天，實在是互為因果。這和人積畜財物，財物反過來把人畜住，可說是相同的道理。能畜和所畜，有時候真的很難分辨。小畜卦（䷈）以一陰統畜五陽，固然是柔能克剛的展現，而五陽都和六四處得很好，也是「男不與女鬥」的良好風範，使六四得以无咎。

九五爻辭：「有孚攣如，富以其鄰。」小象曰：「有孚攣如，不獨富也。」這一個小密碼，代號是「有孚攣如」。「攣如」是牽連的狀態，象徵六四在九五之下，為陰承陽，表現得順而善。九五在六四之上，為陽據陰，由於六四「有孚」，使九五得其所據，和六四牽連在一起。九五以陽爻居陽位，又位於上巽的中爻，居中得正，雖然不是小畜卦的卦主，卻由於六四主爻「有孚」全力加以支撐，展現剛實居中的氣魄。九五和六四陰陽和合，好比有福同享，彼此相鄰，也能夠共享富貴。九五尊位，為什麼反過來全力支撐六四呢？因為上巽為風，原本易於流動，要不是六四柔順，誠信，很不容易引起下乾畜養的願望。倘若六四也變成陽爻，小畜卦就變成乾卦，那就不可能有所畜養了。同時上卦為巽，〈說卦傳〉指出：「巽為近利市三倍」，意指做買賣要獲取三倍利潤的商人，象徵九五有六四誠信的心意相合，自己也是抱持著同享富貴的心態給予支撐，所以說「不獨富也」。

九五若是變成陰爻，小畜卦（䷈）便成為大畜卦（䷙）。當巽變艮，流通變靜止時，小富才能變成大富。適可而止還要分享富貴，自己富有，還要幫助他人富有，這才是小畜的佳境。

小畜 

九五，有孚攣如，富以其鄰。

九五陽居陽位，又居上巽中爻，既中又正。雖然不是小畜卦的卦主，卻以陽據陰，受到六四誠心的畜養。「攣如」指牽連的狀態，六四「有孚」，九五也「有孚」，如此才能合乎正道。九五和六四彼此誠信，緊密地牽連在一起，使得下乾三陽爻也都群起仿傚，以誠信對待六四。一陰柔畜五陽剛，九五功不可沒。九五居尊位，能夠抱持「不獨富」的心態，與六四共享富貴，告訴畜養的人：自己富有，也要讓他人富有。

富貴共享，還要適可而止。

六・天道忌滿不宜過分畜積

上九爻辭：「既雨既處，尚德載；婦貞厲，月幾望；君子征凶。」小象曰：「既雨既處，德積載也；君子征凶，有所疑也。」「既雨」是已經下雨，「處」為止，「既處」表示所下的雨停止了。從原先的密雲不雨，到天降甘霖，然後雨過天青，這一連串令人滿意的轉變，象徵既積了德，又得到富，而且所積的德，多到要用車輛負載，真是盛大的德行！

「婦貞厲」和「夫妻反目」相反。「貞厲」是保持合理的貞正，以防止危險，唯有如此，才能讓夫妻反目轉為夫唱婦隨，彼此和順融洽。「月幾望」意指幾乎要接近月圓之時。陰曆十五日稱為「望」，而「幾」也含有接近的意思。「月幾望」是陰氣即將極盛的象徵。婦人屬陰，在這種將滿未滿的重要時刻，更應該要以天道忌滿為戒，特別重視貞正而不過分要求盈滿。君子明白這種道理，也就不宜輕率有所行動，以免招致凶險。

上九以陽居陰位，又是全卦的終極。很可能上九變成上六，形成上坎為水的狀態。到了可以降雨的程度，不再密雲不雨。卦象以陰畜陽，亦即以婦御夫，表示婦人貪得無厭，致使丈夫過分畜積而造成凶險。這一個小密碼，代號為「月幾望」，提醒我們不能過於貪求物質方面的畜積，以免貪婪過度而招來橫禍。倘若能畜養道德，那就不會引起他人的疑忌，所以說「君子征凶，有所疑也。」盲目畜積，即為「征凶」。上九是小畜的終極，君子不應該輕舉妄動，對於婦人的過分要求，必須適度加以制止。好不容易由密雲不雨到雨過天青，最好能特別小心，以「小畜」為宜。

小畜 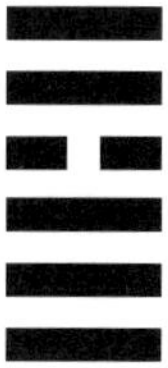

上九，既雨既處，尚德載；婦貞厲，月幾望，君子征凶。

「既雨」表示下過雨了，「既處」說明雨又停了。原本是密雲不雨，令人焦急，現在是雨過天青，使人欣喜。這種良好的轉變，主要來自六四和九五的誠信。一方面要重視品德修養，一方面要家裡有賢妻，能夠堅守合理的操守。因為天道忌滿，必須適可而止。君子明白這種道理，更加謹慎小心，不敢過分要求物質方面的畜積，以免引起他人的猜忌，而招來凶禍。上九以陽居陰位，又是全卦的終位，象徵小畜到此大功告成，不宜再無限制地求取發展了。

不宜過分畜積物質，加強品德修養更為妥當。

我們的建議

1 小畜卦（䷈）全卦的重點，在六四和九五這兩個小密碼。它們具有共同的「有孚」，也就是誠信的心態。做人處事，都應該發自內心的真誠，才能完成小畜的功能。

2 「畜」代表積蓄、畜養，卻也含有「止息」的意思。一方面要積蓄，一方面也要止息，啟示我們一點一滴的止，可以有所積畜。然而小畜之後，就要有止的念頭。適可而止，不宜過分貪求，才是小畜的美德，可免招致凶險。

3 畜物是畜，畜德也是畜。可惜一般人重畜物而輕於畜德，以致經常因物傷德，違反了「德本財末」的古訓，實在是不幸的根源。及時恢復以德為本的美德，畜物適可而止、畜德永不止息，這樣的君子才可能自天佑之，吉无不利。

4 小畜卦（䷈）乾下巽上，乾本剛健，喜歡居上位，如今心甘情願地居於巽卦下面，主要是因為六四的柔性攻勢發揮作用。君子難過金錢關、英雄難過美人關，最好能引以為戒。

5 由小積大、循序漸進是小畜的主旨。以巽上來提醒大家：畜積物質，不過是像風那樣，來得快去得也快，而且往往一陣風過去，什麼也沒有留下來，必須適可而止。

6 家有賢妻，是丈夫吉順无咎的有力保障。若是婦人過分貪婪，而丈夫又不自愛，便很容易招致凶險。九五倘若假仁假義，並非真心誠意，上九就會「君子征凶」，引發眾人的高度懷疑。

《第八章》

大畜卦
六爻有什麼啟示？

大畜和小畜相對，
只是在程度上稍為有一些差異。

大畜以德為主，重養不重止，
小畜以財物為主，重養更重止。

大畜卦艮上乾下，艮象徵靜止，
主要目的，在勸人以平常心修養品德。

前五爻不論陰陽，都以物性為誘導，
最上一爻的上九，才顯示出人類自性的偉大。

修養品德，原應一路向上，並無止境，
大畜上九亨通暢達，可以做為最好的鼓勵。

上艮象徵篤實，下乾代表剛健，
啟示我們品德修養不但要勤加精進，更要篤實厚博。

一、做人做事要能慎始自重

大畜卦（䷙）乾下艮上，都是陽卦為大，不論怎麼看，是天在山中，還是以艮止乾，無不以剛畜健，所以稱為大畜。大象指出：「天在山中，大畜；君子以多識前言往行，以畜其德。」先看自然現象，艮上是山，乾下為天，都是龐然大物，足以包容萬事萬物，投射到家庭中，乾為父，艮是少男，可見這個家庭人口不少，既有少男，必有長男、中男。既有父親，也就有母親。父母養育多數兒女，當然是大畜。推而廣之，「乾」是賢明高士，「艮」為社會人群及其事務，這些有道德、有學識的人士，必須出外為多數人服務，也是大畜的主旨。所畜者大，才能發揮出大作用。

初九爻辭：「有厲，利已。」小象曰：「有厲利已，不犯災也。」「厲」指危險，初九為下乾初爻，以陽剛居陽位，志在上進，與六四相應，原本是好事，可以相輔相成，但在大畜卦來看，以艮止乾，六四是用來制止的。初九愈上進，六四的制止力量也愈大，初九妄動，必然有危險，所以說「有厲」。倘若能對照乾卦初九「潛龍勿用」的警語，適當地約束自己，不要輕舉妄動，能夠知危而止，那就容易獲得吉利了。「已」是止而不進的意思，「利已」便是有利於慎始自重。《論語・述而篇》記載：「暴虎馮河、死而無悔者，吾不與也。必也臨事而懼、好謀而成者也。」空手打老虎、徒步過河，死了也不悔悟的人，不必和他在一起。必定要臨事能戒懼小心，事先有好計謀，而且有成功的把握的人，才能和他同道而行。慎始自重，不應該冒險輕進，所以說「不犯災」也。

大畜 ䷙

初九，有厲，利已。

初九陽居陽位，又是下乾的開始，難免奮勇冒進，招致危險，與六四相應，原本是好事，可以相輔相成，但現在上艮的功能在於止乾，六四位高，又以柔克剛，會對初九造成很大的壓力。最好能記取「潛龍勿用」的教訓，明白自己的剛健，還不足以冒險犯難，不如暫時停止，再多充實自己，以求慎之於始，則可免除危險。

做人做事，都應該慎始。量力而為，不可妄動。

二、九二自動控制進止合理

大畜卦（䷙）九二爻辭：「輿說輹。」小象曰：「輿說輹，中无尤也。」我們在小畜卦（䷈）九三爻辭看到的「輿說輻」，和此處的「輿說輹」是一樣的，因為「輹」和「輻」相通，就如同「說」與「脫」相通。車輛的車輪轉軸脫落了，如何能跑得動呢？但是九二和九三的爻位不同，情境並不一樣，所以對小畜九三不利，對大畜九二卻相當有利。行不得、動不了，為什麼反而有利呢？因為九二居下乾的中位，有得中的利基，自己明白以陽剛居陰位的不當，象徵外剛強而內柔弱，於是審時度勢，抱持「能進才進，不能進則暫時退止」的心態，合乎中道，所以並無過失。「中无尤也」，和小畜九三的「夫妻反目，不能正室也」形成了強烈的對比，也由此可看出「位」的重要性。

九二和六五相應，但是六四志在畜止初九，六五同樣也要對九二有所止息。初九可以「潛龍勿用」，以免犯災；九二已經「見龍在田」，想躲也躲不了。因此，九二所採取的策略是自動退讓，因為在「利見大人」的部分，畢竟要對六五有一些顧慮。六五這個小密碼，與「黃裳元吉」密切相關，可以說是所有六五的總綱領，和九五的「飛龍在天」最大的差異，應該是「利見大人」這一部分。九五可以和九二互為利見大人，六五和九二就沒有這樣的緣分。所以九二對九五和六五，最好採取不一樣的因應態度。六五有「黃裳元吉」的美德，在大畜卦這樣的情境下，未必是九二所利見的大人。九二想開了，可進則進，不可進即止，深得六五的歡心，當然九二自己也無悔無尤。

大畜 ䷙

九二，輿ㄩˊ說ㄊㄨㄛ輹ㄈㄨˋ。

九二以陽剛處陰位，又與六五相應，既不當位，又受到六五的止息，幸好位居下乾的中位，能夠遵循中道，明白六五具有黃裳元吉的德行，卻未必是自己所利見的大人，因此自動審時度勢，採取能進即進，不能進便止的策略。由於進止合宜，又出於自動自發，因此沒有過失。

自動節制進退，以求動靜咸宜。

三。有為卻尚不能大肆施展

大畜卦和小畜卦，都是乾下，象徵小畜、大畜，都需要剛健、奮發、向上的修養。然而小畜卦是巽上，大畜卦則是艮上。巽為風，表示所畜的對象飄忽不定，很容易來得快去得也快。艮為山，和風比較起來，當然穩妥、安定得多，不容易移動。可見小畜的對象，以畜養為主。而大畜的對象，以蓄德為主。大畜卦初九、九二，都欲進又止，提醒我們修德不易，必須循序漸進，按部就班而行。九三爻辭：「良馬逐，利艱貞。曰閑輿衛，利有攸往。」小象曰：「利有攸往，上合志也。」初九和九二，上面有六四和六五在止息，現在九三和上九卻志同道合，因為在大畜的情境下，上六象徵剛正大通，對於九三的上進，自然十分欣賞。這是特殊的案例，和其它各卦頗有不同。

由於初九慎始，九二動靜得宜，造就了九三任重致遠的基礎。九三上進的快速，有如優良的馬匹，在草原上奔逐。但是，九三陽居陽位，又有上九的應援，很容易興高采烈，得意忘形，所以爻辭特別提示以「艱難守正」為佳。遇到艱難，務須認為有利於自己的修德，堅持守住正道。「曰」是叫做，「閑」指熟練，「輿」為車輛，「衛」則是防衛。「曰閑輿衛」是驅使自己去熟練駕駛車輛的技術，使自己能獲得安全的防衛。唯有如此，才能夠有利於畜德，無往而不利。乾卦九三爻辭：「君子終日乾乾，夕惕若厲，无咎。」在這裡也得到充分展現。九三好不容易擺脫初九受止於六四、九二受制於六五的困境，有志得伸，當然應該更加提高警覺。

大畜 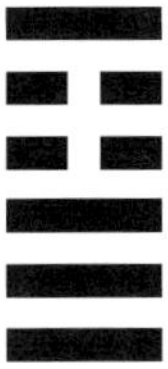 九三，良馬逐，利艱貞。曰閑ㄒㄧㄢˊ輿ㄩˊ衛，利有攸ㄧㄡ往。

九三以陽居陽位，又享有大畜特例，與上九以剛健對剛健，志同道合，可以良馬那樣在草原上快速奔逐，不像初九受制於六四，九二受制於六五。但是九三位於下乾的極位，雖然可以有為，和上九比較起來，仍然不能大肆施展，所以仍以「艱難守貞」為宜。常常告誡自己，要熟習駕駛車輛的技術，使自己獲得安全的防衛，才能夠無往而不利。

可以有所作為，但仍須謹慎小心，以防大意失荊州。

四．下乾的努力從此更篤實

初九明白大畜卦（䷙）的特殊情境在以艮止乾，因而自我警覺，雖然與六四相應，並不能相輔相成。九二以初九慎始自重為基礎，用行止合理來端正畜德的方向。九三有為，卻也不敢放手去做。下乾三爻，致力於完成大畜的充分準備。六四為上艮的開始，當然也知道大畜的情境特殊，艮的目的，不在制止而在鞏固充實。上艮緊接著下乾，以篤行來實踐下乾的才德，繼續加以鞏固充實。

六四爻辭：「童牛之牿，元吉。」小象曰：「六四元吉，有喜也。」六四在大畜卦（䷙）二、四、上這三個陰位之中，是唯一當位的陰爻，乘陵在九三陽爻之上，按照《易經》通例，屬於柔乘剛，大多逆而劣。但在大畜，六四居上艮的初位，有九三的乾陽相配合，象徵山中充滿陽光，得以生養動植萬物，而自己的責任，應該是使這些動植萬物，在山中獲得合適的成長，因此用牧牛做譬喻，把木製的牿，安放在牛角上，以防止傷及人畜，並且逐漸改變小牛的習性，使其安份而不亂衝撞，引申為用柔性誘導下乾，而不硬性給予限制，所以能夠元吉。「元」含有雙方面都滿意的意思，山和天結合在一起，六四和九三陰陽相調和，皆大歡喜，所以說「有喜也」。下乾的剛健、奮發，剛剛接觸到上艮的靜止，就好像小牛初次被安放木牿，也許還不太習慣，但是修養品德，畢竟不應該像現代人這樣「能動不能靜」，一旦無法安靜下來，也就不可能有所得。童牛的元吉，象徵大畜的喜悅，從此開始修心養性，來到六四階段，倘若能靜得下來，實在是「有喜也」。

大畜 ䷙ 六四，童牛之牿ㄍㄨˋ，元吉。

六四以陰爻居陰位是大畜卦三個陰位中，唯一當位的陰爻。由於代表上艮，開始和下乾接觸，象徵山中充滿乾陽，得以生養動植萬物，當然有喜。譬如小牛剛剛接觸外界，用橫木加在牛角上，以防止向前衝撞，用柔性的誘導，代替硬性的限制，當然更為圓滿有效，所以元吉。六四承接下乾的努力，用柔性來鞏固和充實，符合大畜卦剛健（下乾）篤實（上艮）的精神。

知行合一，即知即行，使所學得以鞏固、充實。

五・意識到自己的生命存在

大畜卦（䷙）六五爻辭：「豶豕之牙，吉。」小象曰：「六五之吉，有慶也。」六四剛剛以童牛來譬喻，六五接著用豶豕來提示。在以農立國的時代，馬、牛、豬、羊都是家庭畜養的資產，對人類的生活有很大的貢獻。用這些人們最熟悉的動物來說明，大家當然最容易明白其中的道理。

「豶」的作用，其實和「牿」很相近，都是基於馴養的目的才想出來的點子。野豬的牙齒很兇猛可怕，把公豬的睪丸割掉，牙齒的功能就會退化。「豶豕」指閹割過的豬，牠的牙齒不再凶猛，對人而言自然是吉祥。把凶猛的動物馴服，不致傷人，所以說「有慶也」。人是動物，難免有動物性，九三良馬，需要牢記艱難、守持貞正。六四童牛，必須加放防止傷人的橫木。六五豶豕，必須減少其剛猛躁進的本性。大畜卦用這些譬喻來提醒我們：一個人修養品德，最好能夠追根究柢，從根本處著手，逐步止暴制盛，才是治本之道。

周武王說：「人為萬物之靈。」孟子則指出：「人之異於禽獸者幾希。」這「幾希」是什麼?就是道德修養。人有物質面，也必然有精神面，才合乎「一陰一陽之謂道」。其它的生物，不能意識到自己的生命存在，只有人能憑藉著「人為萬物之靈」這一點，而意識到自己的生命存在與否。固然是「幾希」，卻也十分珍貴。大畜的主旨，即在於把這種珍貴的人性發揚出來。光憑下乾的剛健、奮發、自強不息是不夠的，還必須加上上艮用心體會「鳥獸不可與同群」的道理，實現孔子的「人禽之辨」，做一個有人性的人，才能成為真正的萬物之靈。

大畜 ䷙

六五，豶ㄈㄣˊ豕ㄕˇ之牙，吉。

六五是大畜的尊位，有權將公豬閹割，以壓制其兇暴。和六四比較起來，六四馴服童牛，用的是柔性手段。六五強制割掉公豬的睪丸，屬於剛性的手段。六五柔居剛位，還是可以有一番作為。上艮的抑止力量，到六五便完成了，因此不得不採取有形的措施。六四無形，六五有形，目的都在喚醒我們，除了物質面之外，還有精神面。人有人性，也免不了含有獸性。運用有形、無形力量，消滅獸性，發揚人性，才會獲得吉祥。

消滅獸性，發揚人性，增強人禽之辨。

六・上九以德止乾完成大畜

大畜卦（䷙）的特殊情境，在於初九到六五目標一致，運用不同方式畜積道德。到了上九，顯現人性的光輝，至此大畜終告完成。上九爻辭：「何天之衢，亨。」小象曰：「何天之衢，道大行也。」通常到了上九或上六，來到極位，大多帶有一些警惕的意味，慎防物極必反。大畜所畜積的是德，當然不可能物極必反。這一個小密碼的代號是「道大行也」，表示大畜彖傳所說「剛健、篤實、輝光」，完全在上九這一爻達成了。〈繫辭下傳〉指出：「若夫雜物撰德，辯是與非，則非其中爻不備。噫！亦要存亡吉凶，則居可知矣。知者觀其彖辭，則思過半矣。」每一卦的中間四爻，也就是二、三、四、五這四爻，可以看成全卦的中位，從這四爻的互動、陰陽的變化，所產生的錯雜物象和陰陽德性，能夠分辨出事物的是非得失。只要明白中間四爻，事物存亡吉凶的大致狀況，就算在家裡足不出戶，也可以知曉了。明智者觀察卦的彖辭，對這一卦所蘊含的義理，也就能夠至少明白一大半了。大畜卦的情況，應該是最有力的証明。

六十四卦之中，上九或上六爻辭為亨的，為數不多。大畜卦擔當通天的大路，被譽為「道大行也」，當然亨通。

我們的人性，經常受到物性的蒙蔽，不容易自我體察。人性是什麼？就是人之所以為人的性質。《中庸》指出「天命之謂性」，人性是上天所賦予的，我們只要遵循自然的人性，對日用事物都能採取合情合理的處置方式，便是合乎自然的行為，也就是人性的自然展現。

大畜

上九，何天之衢ㄑㄩˊ，亨。

「何」即是荷，也就是擔當。「衢ㄑㄩˊ」是四通八達的大路。上九為大畜卦的最上爻、最高位，象徵大畜之道，到上九已告完成，負荷著四通八達的重大責任，當然亨通。初九、九二、九三這三個陽剛的爻，都要受到相當限制，現在上九用不著受到限制，可以上進、充實、應用了。上九以陽居陰位，又是上艮的極位，全卦的頂端，能獲得這樣的輝煌成果，實屬少見。

以德止乾，終能完成大畜之道。

我們的建議

1 小畜卦（䷈）以蓄養為主，大畜卦（䷙）以蓄德為主。艮上乾下，象徵以艮畜乾。天居山中，天大而山小，表示所畜者大，所以稱為大畜。內乾剛健而外艮篤實輝光，由於所畜者大，並且畜之不已，因此得以日新其德。

2 上九在六五之上，象徵六五虛心，上九剛正。君子（六五）能夠禮賢下士（上九）以德下應於乾，順應天理。上九以德不以力，所以特別亨通。

3 天是宇宙間體積最大的，山只是地球上的一小部分。天在山中，不過象徵以小（山）畜大（天）。所畜者大，所以稱為大畜。實際上天山一體，共同以修德為目標，由初爻至五爻不斷努力，到了上爻才畜極而通。

4 有大畜的念頭，就不能小看小畜。修德要從小處著手，不以善小而不為，也不因惡小而為之。一點一滴，累積起來，由小畜而大畜，畢竟萬丈高樓仍是由平地而起。

5 大畜卦（䷙）的中爻，是震（☳）兌（☱）兩卦，有驚恐也有喜悅，表示修德的歷程驚喜參半。中爻和上下卦相互配合，形成損（䷨）、頤（䷚）、歸妹（䷵）、小過（䷽）和夬ㄍㄨㄞˋ（䷪）等五卦，最好能互相比對參考。

6 以力服人並非良策。中正和平，剛柔並濟，才是大畜的要領。不僅要認識嘉言善行，還要真正付諸實踐，並且逐漸改善，不斷求取進步，才能日新又新，完成大畜之道。

《第九章》

小畜、大畜與乾坤
有什麼關係？

天地之間，畜養著萬事萬物，
小畜大畜，都畜積在乾坤之中。

所畜養的為陰（小），稱為小畜。
所畜養的為陽（大），稱為大畜。

小畜以巽（長女）為代表，風天小畜。
大畜以艮（少男）為代表，山天大畜。

風（巽）無所不在，空氣使我們得以生存，
人人都需要小畜，以備必要時渡過難關。

山（艮）有止的意思，象徵穩定，
大家都需要大畜，才能獲得內心的安祥。

大畜、小畜，都和天地有所關連，
尊天法地，大畜、小畜才能合理暢通。

一、乾坤和每一卦都有關係

在《易經》大家庭中，乾（☰）、坤（☷）兩卦象徵父母，震（☳）、巽（☴）、坎（☵）、離（☲）、艮（☶）、兌（☱）代表三子三女。

事實上，我們從卦象來看，震（☳）是乾（☰）的初爻，進入坤（☷）的初位，乾為陽，所以震稱為長男；坎（☵）是乾（☰）的中爻，進入坤（☷）的中位，因此為中男；艮（☶）是乾（☰）的上爻，進入坤（☷）的上位，所以為少男。同理，坤（☷）的初爻進入乾（☰）的初位，便是巽（☴），也就是長女；坤（☷）的中爻進入乾（☰）的中位，即為離（☲），所以為中女；坤（☷）的上爻進入乾（☰）的上位，成為兌（☱），便是少女。

乾（☰）為老陽，震（☳）、坎（☵）、艮（☶）都屬於少陽。坤（☷）為老陰，巽（☴）、離（☲）、兌（☱）都屬於少陰。老陽老陰為三陽三陰，一陽二陰為少陽，一陰二陽為少陰，所以〈繫辭上傳〉曰：「乾道成男，坤道成女。」乾道為陽象徵男性，坤道為陰象徵女性。推而廣之，乾陽的作為在開創萬物；坤陰的功能則是孕育生成萬物。陰陽交易，產生各種變化。乾（☰）、坤（☷）兩卦的任何一爻產生交易，都會生成不一樣的卦象。把三畫卦重成六畫卦，形成六爻交易，組合為六十四卦。除了乾（䷀）、坤（䷁）之外的其餘六十二卦，都是乾、坤兩卦在六爻之中的任何一爻、兩爻、三爻、四爻、五爻，以至於六爻發生交易的行為所產生的結果。因此，我們可以推定，每一卦和乾、坤兩卦都有關係。譬如泰卦（䷊）是上坤、下乾的組合；既濟卦（䷾）是乾卦初、三、五爻，和坤卦二、四、上爻的組合。從卦象看便很容易看得明白。

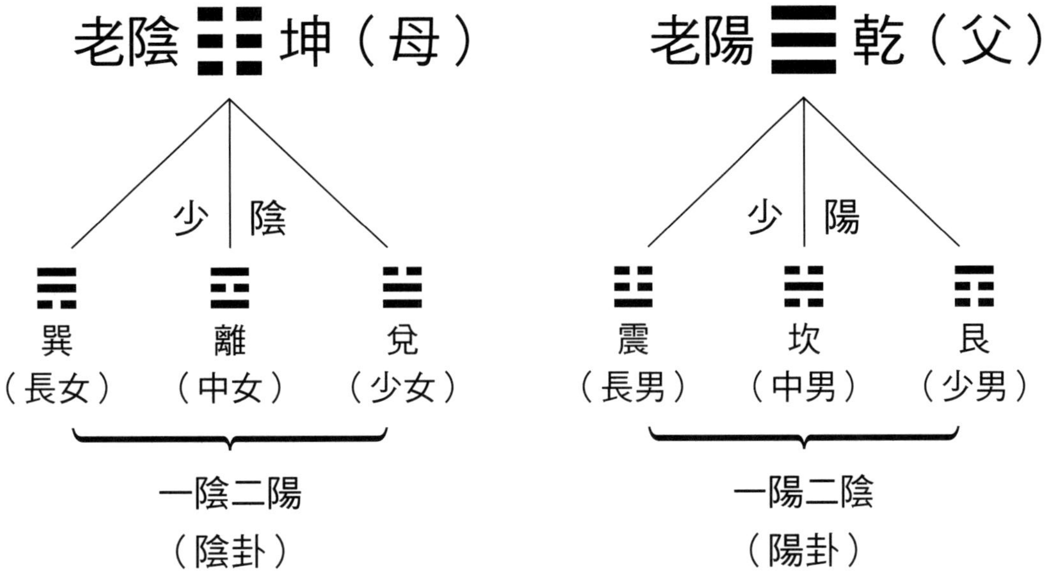
老陰 ☷ 坤（母）
少
陰
☴
巽
（長女）
☲
離
（中女）
☱
兌
（少女）
一陰二陽
（陰卦）
老陽 ☰ 乾（父）
少
陽
☳
震
（長男）
☵
坎
（中男）
☶
艮
（少男）
一陽二陰
（陽卦）

二、只有天地才能畜養萬物

孔子讚歎：「大哉乾元，萬物資始」，說明「乾元」是一切變化的開始，整個宇宙萬物，都由此一動之微獲得了性命。《易經》的思維以「生」為主，重視「生生」的精神。「乾元」為萬物之始，是所有生命的起源，足可證其大。

「至哉坤元，萬物資生」的意思，是指坤順承乾，對乾元變化所產生的性命加以涵養、保重、維持，使萬物具有形體，得以現形而生。有性命還需要形體，有了坤元的承載、容藏和形體，乾元才能夠完全落實，所以說至哉！由乾元的大哉，到坤元的至哉，顯現了生生功能的重要性。

《易經》以乾、坤兩卦居首，象徵宇宙萬物，莫不有賴於天地的畜養。乾元和坤元的元，不但是首、始，而且還要具有元始的動力，產生起源的作用，以求生生不息。

有天地而後生萬物，萬物都是天地畜養的對象。天空中的日月星辰、雲雨霜霧；地面上的山川河海、動植生物；地底下的各種礦物、蘊藏能量，無不是天地的產物。

「畜」字由「玄」、「田」兩字組合而成。「玄」代表天，而「田」代表地。我們常說天地玄黃，黃也是地的代名詞。在漁獵時代，將牛、羊、馬、鹿、雞、犬、狗、魚畜養起來，後來逐漸以豬（豕）為主，所以「家」字從「豕」，取法乎天地，把家畜養在家裡面，便是小畜。更進一步以乾為父，以道德仁義畜養小子（艮），表示長子教得好不算什麼，幼（么）兒教得好才是真功夫。天為大，山象徵長久，家道可大可久，當然有資格稱為大畜。

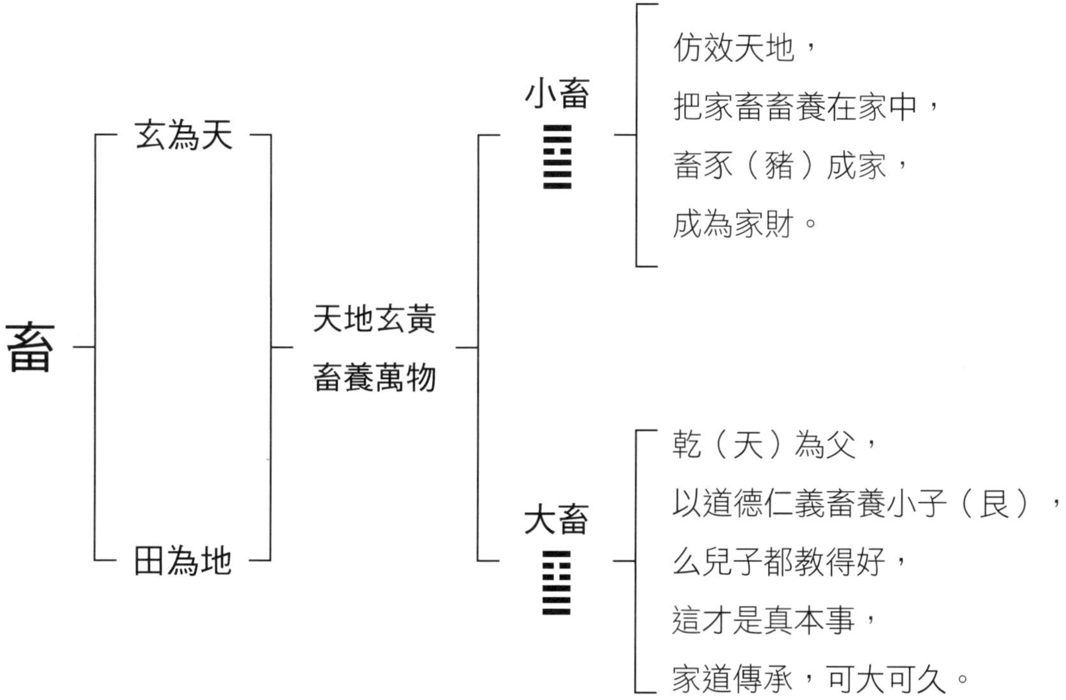
畜
玄為天
田為地
天地玄黃
畜養萬物
小畜
仿效天地，
把家畜畜養在家中，
畜豖（豬）成家，
成為家財。
大畜
乾（天）為父，
以道德仁義畜養小子（艮），
么兒子都教得好，
這才是真本事，
家道傳承，可大可久。

三◦大畜小畜都應效法天地

天地在《易經》中稱為乾坤，由乾坤所畜養而成的萬物，都離不開乾陽坤陰的運行法則。大畜、小畜，也是天地的產物，所以應該取法天地，順乎天地自然的道理。

〈雜卦傳〉指出：「大畜，時也。」說明大畜之道，重在時宜。大畜卦的卦辭：「大畜，利貞。」若我們從乾卦文言所說：「利貞者，性情也」，可以想像乾道的元亨利貞，不妨分成「元亨」和「利貞」兩部分。「元亨」指乾德能夠始生萬物、亨通萬物；「利貞」則是利必須不失其正，才不會招致邪惡、凶禍。「利」要如何才能不失其「正」呢？就是要人情本乎人性。情是欲望的衝動，倘若不能合乎人性，那就會邪而不正，無法達成「利貞」的要求。

大畜卦的前一卦是天雷无妄。這兩卦同樣是四陽二陰的組合，卻由於大畜卦乾在下而无妄卦（䷘）乾在上，導致了很大的不同。所以〈序卦傳〉曰：「有无妄然後可畜，故受之以大畜。」意思是不隨意妄為，能以理智引導感情，才能夠大畜。〈雜卦傳〉又說：「小畜，寡也。」寡指所畜不多，也就是所畜甚少才稱為小畜。但所畜不多，總比不畜為好，所以卦辭說：「小畜，亨。」接著說：「密雲不雨，自我西郊。」小畜只是陰氣的集結，必須由下乾的陽氣向上發揮熱力，才能化雲為雨，最好是雲往西，也就是自我西郊，更有助於亨通。

小畜卦的前一卦，是水地比。〈序卦傳〉曰：「比必有所畜，故受之以小畜。」「比」即親比，「畜」為畜養。互相親比畜養，必然有所畜積，所以比卦之後，為小畜卦。大畜、小畜，都和天地的法則相關，也都是效法天地的表現。

- 一陰一陽之謂道，是乾陽坤陰的運行法則，也是萬物效法的對象，大畜、小畜也不例外。
  - 大畜 ䷙
    - 山在天上，並不是山比天高，
    - 而是山得天的氣而有利於藏物。
    - 山中的動植礦物都畜養得很好，
    - 這是因為吸取了山中的空氣與能量。
    - 唯有无妄，才能大畜，
    - 所以大畜重在時宜。
  - 小畜 ䷈
    - 人群聚集，互相親比，自然能有所畜積。
    - 小畜所畜甚少，所畜者寡，
    - 但是乾陽剛健於中，巽風順行於外，
    - 兩者相得，所以亨通。
    - 密雲不雨，只要順其自然，
    - 也就可以化雲為雨。

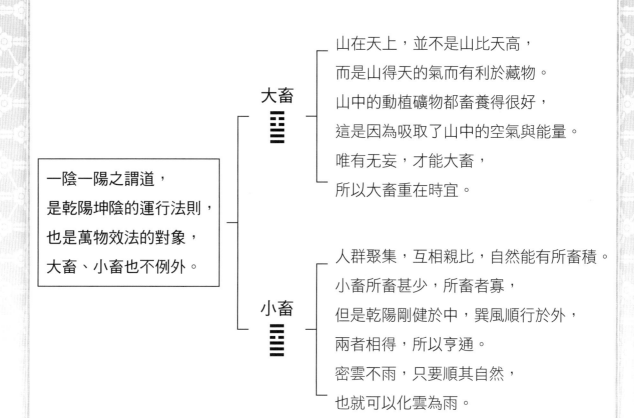

四、小畜或大畜都不能貪婪

《易經》的主要功能應該是教化，提醒我們在日常生活中，確立具體可行的法則。以乾元和坤元為主軸，把乾陽和坤陰的運行法則，普遍地施行於所言所行之中，以求合理。《易經》教化的重點是道德。「道」是什麼？是《易經》所揭示的自然法則，也就是天道。「德」又是什麼？是人們把天道實際應用於日常生活中的一言一行，如果能夠有所得，便稱之為德。

〈繫辭上傳〉曰：「一陰一陽之謂道，繼之者善也，成之者性也。」繼承一陰一陽之謂道而開創萬物的便是善，換句話說，凡是得「時」、得「位」，因事因人而制宜，合乎「道」的要求即為「善」。我們說「善」即「中道」應該更加明白。《中庸》說：「天命之謂性。」「天」指人未出生之前，性尚未出現，命卻已經存在。我們可以這樣體會：人（物）出生以前叫「命」，出生以後才能稱「性」。人人都由「道」而生，命中應該存有道德心，但是出生之後，有了軀體，不免產生各種欲望，能不能合理滿足，就要看「性」能否配合「命」的要求。乾陽為善，因為它繼承「一陰一陽之謂道」而開創。坤陰為性，顯示承順此道而成就萬物。

人的道德心與生俱來，卻由於個性不同，而有了不一樣的表現。所以小畜、大畜，都應該記取「物極必反」（亢龍有悔、龍戰于野）的教訓，適可而止，不宜貪婪。畜的意思除了畜養、畜積之外，還有「止」的要求。各人衡量自己的能力，不能過分，那怕是畜德，也不能由於過分看重自己的名望，而耽誤公益事務，以免沽名釣譽，反而敗壞了自己的品德。

人性本善，
卻由於後天的污染，
養成很多不良習慣。

→

人的道德心，
原本與生俱來，
但是後天的軀體，
產生很多欲望，
倘若不能合理因應，
加以適度控制，
勢必會因貪婪、自私，
而危害人群社會。

→

無論小畜、大畜，
都應該適可而止。
畜財過多，遲早受害。
過分重視自己的名望，
難免沽名釣譽，
耽誤公益事務，
反而敗壞自己的品德。

五．物質易散失品德才可靠

小畜（䷈）上巽下乾，巽為陰為小。乾為陽，所畜者為陰為小，所以稱為小畜。大畜（䷙）上艮下乾，艮為陽為大。乾為陽，所畜者為陽為大，因而稱為大畜。

陰象徵物質，陽代表精神。依照常理，小畜通常重視物質大於重視精神，而大畜則是重視精神大於重視物質。巽為風，用來象徵物質，提醒我們物質乍看之下很具體，實際上卻像風那樣，來得快去得也快，十分靠不住。艮為山，用來象徵精神，表示精神固然看不見也摸不著，卻反而像山那樣穩重可靠。畜積物質隨時可能散失，畜積精神（品德）則持久穩重，當然十分靠得住。

古人說天圓地方，實際上是以「圓」代表乾陽，以「方」表示坤陰。精神不受空間的限制，自然圓通。物質受到形體的約束，功能方向已定，必須要制定出使用方法，才會方便使用。

小畜、大畜，都以下乾做為內卦，表示心中有畜的念頭，才能做出畜的行為。人類群居生活，便是小畜的表現。有一天四海一家，世界大同，那才是真正的大畜。內心存有畜的觀念，然而所畜為何，便成為重要的關鍵所在。以乾陽為基礎，即在提示我們，應該重視品德，以德本財末做為畜的主旨。然而社會風氣往往笑貧不笑娼，小畜下乾上巽，乾陽剛健，遇到巽陰的順入，難免受到不良的影響，反而重視物質，以第一桶金為目標，甚至不擇手段巧取豪奪。倘若能內心堅定，表現出不動如山的氣魄，寧可物質貧困，不改以德為本的初衷，相信終究會有大畜之日的到來。

- 畜
  - 大畜 ䷙
    - 下乾表示以乾陽做基礎，
    - 有德本財末的心理建設。
    - 上艮象徵目標堅定，不動如山。
    - 寧可物質貧困，不改以德為本的初衷。
    - 有此心志遲早完成大畜。
  - 小畜 ䷈
    - 下乾表示以乾陽為基礎，
    - 有德本財末的心理建設，
    - 卻不敵上巽的陰柔順入，
    - 受到笑貧不笑娼的風氣影響，
    - 反而不擇手段追求財富，
    - 就算小畜，也很不值得。

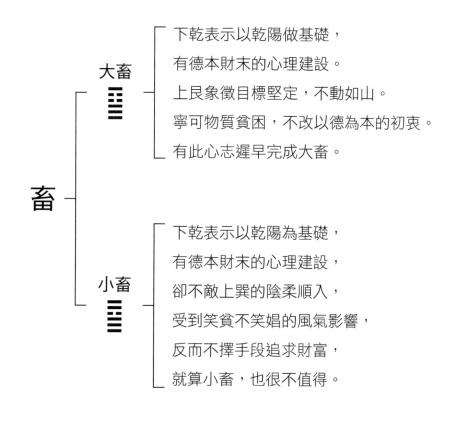

六、子女教養好全家有福氣

乾坤是《易經》大家庭的父母，以乾為代表。我們說天，包含地在內，因為有了地，天才能產生作用。看到「后土」，就會聯想到「皇天」，把「皇天后土」合起來想，才合乎「一陰一陽之謂道」的宗旨。我們說父，包含母在內，是父母的合稱。說男，包含女在內，是男女的合稱。說子，同樣包含女在內，是子女的合稱。以陽統陰，合乎簡易的法則。

小畜乾下巽上，乾代表父母，巽則是長女。通常先生女兒再生男孩，對父母和全家人來說都比較有福氣。因為女兒可以幫忙家事，照顧弟妹，男孩在這方面，總歸比較笨拙。長女教得好，才能在家時旺家，出嫁後興旺丈夫的家庭。否則長女教不好，出嫁後害慘丈夫全家，甚至會連累弟妹的婚嫁都遭受不良的影響，禍害十分重大。大畜乾下艮上，乾代表父母，艮則是少男。通常父母生育長男、長女時，都正值年輕力壯之際，比較有耐心教養子女。而父母生育么兒時，通常已年漸老邁，體力衰退，以致難以堅持原先家庭教育的原則，導致么兒較易缺乏責任感，且容易意氣用事。若是一個家庭中連么兒都能教得好，那麼全家和樂應該是意料中的事。少男（少女）的教養良好，使家運在大畜卦所揭示的「守正」與「養賢」兩大原則下，像山（艮）那樣地高尚團結、安穩可靠。

把小畜和大畜合起來看，很容易察覺家庭教育以品德為先的要旨。一家人在穩定中循序漸進，以家和萬事興的心情，使所畜由小而大，穩健安全。父母子女分工合作，不致意氣用事而妄作非為。現代人少子化，生得少更要教養得好，才是真正的全家福。德本才末，在現代尤為重要。

畜

小畜 ䷈

乾下代表父母，巽上則是長女。
通常先生女兒，後生兒子，更加有福氣。
長女可以幫忙家事，照顧弟妹，
出嫁之後，還能夠興旺夫家。
長女教養得好，小畜便有指望，
可以自強不息。

大畜 ䷙

乾下代表父母，艮上則是么（少）子。
通常子女生得多，或者父母年老力衰，
么兒子總是比較疏於教養，
或者易於寵溺而缺乏責任感。
倘若么兒子（么女兒）都能夠教得好，
一家人在穩定中循序漸進，可獲大畜。

把大畜、小畜合起來看。
家庭教育以品德為優先。
現代人生得少，更要教得好。

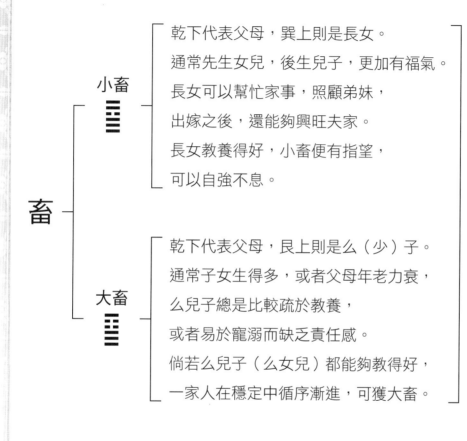

我們的建議

1 乾陽看不見，只能覺察其運行的「能」。小畜、大畜的下卦，代表一種要畜的能，所以都是乾陽。畜小、畜大，都需要具備能畜的基礎。人要能畜，然後才會有所畜。

2 小畜卦外卦為巽，象徵生命所需要的物質，像空氣那麼重要。我們的生活，有賴於物力的供應。物質的重要性，實際上不容忽視。現代科技發達，家家都有小畜，以供日常生活之需。隨時汰舊換新，形成不一樣的風氣。

3 大畜卦外卦為艮，象徵效法天道，行止合時，適可而止，才能止於至善。人的自性，常為物性所蒙蔽。玩物喪志，以致富於物質卻貧於道，大展鴻圖卻貧於德。大畜上九以德止乾，提醒我們及早恢復自性的可貴。

4 家庭教育由小畜著手，教導子女畜養、畜積、知止，在日常生活當中，培養儲蓄、勤儉、樸素的良好習慣，從行為中養成道德觀念，務求知行合一，邁向大畜。

5 沒有乾坤，便沒有小畜、大畜。沒有父母，子女的教養勢必難以落實。父母的最大責任，在於提供子女穩定、安全、可靠的家庭，形成大畜的基礎。婚姻穩固，白首偕老，應該是必要條件。

6 人天生具有道德心，但是有了身體之後，產生各種欲望，這才造成許多偏差行為的產生。透過小畜、大畜的陶冶，恢復固有的道德心，應該是我們修身的重要課題。

《第十章》

如何看待宇宙密碼？

《易經》的圖、書、卦、畫，全是宇宙的密碼，
玩賞《易經》，主要功能即在解開宇宙的奧祕。

密碼沒有解開，大家都覺得十分神祕，
倘若解開之後，就會覺得原來不過如此。

《易經》所揭示的，是造化的玄機，
詞簡而意深，才能無所不包，變化無窮。

仁者見仁，智者見智，各有不同的體會，
無論從哪一種角度取向，都有不一樣的見解。

人類需要廣大恢宏的包容性，
才能享受天下一家的地球村樂趣。

和平發展，是二十一世紀唯一的途徑，
宇宙密碼，則是落實和平發展的最佳指引。

一、宇宙密碼可視為自然律

自然律可以說是一切活動的準則，是自然的也是科學的，透過科學研究能夠加以有系統的說明和限定。日夜的循環、四季的交替、天體的運行、生命的現象，都有一定的規律，這是人人可見，不証自明的，單憑我們的經驗，便很容易察覺和認定。透過自然律，我們能夠預見很多現象，也可以有效地控制事物的發展。人類自古以來，就體驗到自然律的存在，但是一直到現代，仍然不知道它是什麼？從何而來？只好勉強稱之為「道」，現代則稱之為「宇宙秩序」。

伏羲氏畫八卦時，很可能已經知道宇宙的自然律是怎麼一回事。由於當時還沒有文字，所以只能透過陰（⚋）、陽（⚊）這兩個最容易辨識的基本符號，來表現出他所知道的「形」和「象」。「形」是物質的，而「象」則近乎精神。現代科學，重「形」卻不明「象」，對自然律的必然性或偶然性存在著很大的爭議。實際上，大自然有形也有象，和人類一樣具有意志力。換句話說，自然律在必然中有偶然，偶然中也有其必然，如此才合乎「一陰一陽之謂道」的要旨。

「一陰一陽之謂道」便是宇宙的總密碼。要解釋自然律，不能不重視「陰中有陽」、「陽中有陰」的基本法則。大自然的意志是必然的，其中含有偶然，這才值得人類敬畏。科學的功能在解開宇宙密碼，但是所發現的自然律，在解說時仍然要以《易經》的道理做為依據，因為它是活的、有生命的，而不是死的，沒有彈性的。採取現代科學的途徑，是測不準的主要原因，然而《易經》還是測得準的，因為多了許多限制。

宇宙密碼

↓

自然律

↓

日夜循環、天體運行、生命現象、四季交替。

↓

有形（物質）也有象（精神）

↓

必然中有偶然，偶然中有必然

↓

活的，不是死的

↓

有條件，有限制

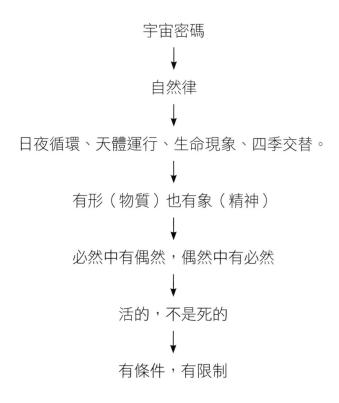

二、解密的人要有高尚道德

自古以來，世界上不知有多少文化形成發展，又有多少文化衰微消失。以發展的先後而論，埃及、巴比倫、印度都比我中華文化為早，但我中華文化卻獨能歷久彌新，綿延長存，其主要原因即在《大學》所說的：「在明明德」。我們深切體認到：大自然的規律，必須和人類的道德密切地連結起來，才能夠真正的解開宇宙密碼，使未來發展能夠「測得準」。

易學指出宇宙萬物，都必須接受自然律的約束。人類接受自然律的天性表現在道德人格。乾卦文言在解釋九五爻辭時特別指出：「先天而天弗違，後天而奉天時」。九五以大德居大位，他的行事，有的在天時之前，譬如水災未至，先修築堤防，當水患來時，自然可以妥為因應。有的在天時之後，遵奉自然規律而不違背。先天而天不違人，後天則人不違天，可見這樣的大人，已經掌握了宇宙密碼，能夠充分運用宇宙的神祕力量，而如有神助了。

乾旱缺水時，身為大人，苦民之所苦，必須向上天祈求降雨，結果如何，便能証明求雨者的品德是否高尚，因此在這種情況下，求雨者不敢不虔誠，舉凡齋戒沐浴，無不出於至誠，平日所受的祭祀訓練，完全派上用場。《中庸》曰：「唯天下至誠，為能經綸天下之大經，立天下之大本，知天地之化育，夫焉有所倚？」認為只有極具至誠的大德，才能夠規劃天下的常法，建立天下的根本大德，知道天地化育萬物的道理。他沒有什麼可以依靠，而是憑藉著至誠的心念所達成的。「明明德」使先聖先賢掌握了宇宙密碼，我們後代子孫自當勉力學習，以期實際加以發揮應用。

中華文化的精髓：明明德。

↓

大自然的規律，必須和人類道德結合在一起。

↓

有德者求雨：天降甘霖。

↓

無德不誠者求雨：空忙一場。

↓

「明明德」使至聖先賢掌握了宇宙密碼。

↓

現代則有賴道德高尚的人士來加以落實。

三．平時要養成三畏的習慣

《論語・季氏篇》記載：「孔子曰：『君子有三畏：畏天命；畏大人；畏聖人之言。小人，不知天命而不畏也；狎大人；侮聖人之言。』」敬畏天命、高位的人、以及聖人的話，是君子應有的修養。小人不瞭解看不見的天命，由於經常有機會看見高位的人，便不知道大的可貴，而輕忽了應有的禮貌，更不知敬重聖人所說的話，反而任意加以更改或譏諷。

「畏」是敬畏，抱持尊敬而服從的心態。「畏」不是恐懼，也不必擔心害怕。孔子五十而知天命，可見「知天命」並不容易。我們在尚未知天命之前，最好不要任意加以否定，就算表示敬畏也是應該的。大人德合天地，具有參贊天地化育的重大責任。聖人在道德修養方面，和大人相同，而在智慧方面，更是無事不通。我們畏大人、畏聖人之言，對於運用宇宙密碼會有很大的助益。現代人若非狂妄自大，任意改變聖人所說的話，便是喜歡搞笑，沒大沒小，弄得不畏大人，還以為這才是民主的表現。說起天命，大多立即反應為聽天由命，居然正色地加以拒絕，雖然這是長久以來學校只教西方的道理，而家長又忙於賺錢所造成的惡果，但是自作自受的定律，並不會因此而放鬆或改變，倘若不能及早改過，受害的依然是自己，誰也代替不了。

現代流行的普世價值，有很多到了應該改變的時候。我們最好冷靜下來，重新加以評估，及時做出合理的調整。抱持三畏的心態，減少搞笑這種浪費生命的行為。想想人身難得，自己的責任畢竟不能推辭。盡人事以聽天命，好好善用宇宙密碼，以成就此生所必須完成的任務。

君子有三畏

畏天命

在尚未知天命之前，
不要任意加以否定。
敬畏天命，
是起碼的修養。

畏大人

大人德合天地，
能夠參贊天地化育，
責任重大，
不能不表示尊敬。

畏聖人之言

聖人無事不通，
所說的話
我們也許聽不懂，
但不可任意更改。

現代流行的普世價值，已經到了必須合理調整的時候。
保持三畏的心態，冷靜地重新判斷，是大家共同的責任。

四、必須道器合一兼顧並重

易學原本道器合一，可惜自漢朝以後，演變成重道不重器，以「士大夫」的高姿態全心論「道」，視「器」為雕蟲小技，導致科學不發達，把發展科技的使命拱手讓給西方，這才造成近四百年來，西方科技突飛猛進，致使中華民族自尊心大幅度降低的不良後果，甚至於把這種令人痛心的情況歸咎於《易經》，可以說是天大的笑話，然而卻也有人深信不疑。由此可知，論道也是假的，不過為了考試，圖個功名而已，因為真正知「道」的人，不會存有這種偏見與妄想。

反觀，西方重「器」卻不知「道」，才會導致今日自然生態慘遭破壞、科技發展令人心驚膽跳的困境。

真正知「道」的人，不會不重視「器」；而真正精於「器」的時候，必然也會通於「道」。專業到極為精緻，沒有不知「道」的。「器」有形、有象，據以明「道」，才是正確的途徑，唯有道器合一，兩者兼顧並重，科技的發達才能真正對宇宙人生有所助益，自然就不致產生如此嚴重的後遺症。

宇宙密碼也是道器合一。由於伏羲氏畫卦當時尚無文字，只能以象明道。文王生於神道設教的時代，不得不透過筮術占斷來教化百姓。孔子進一步把「道」應用在民生日用上，提出為人處事的準則。現代科學發展、注重專業，我們不能故步自封於「器」的層次，必須逐步向上提升，在明道上多下功夫，把孔子所說「下學而上達」的精神，真正落實在自己身上，從每一個宇宙密碼的卦、爻辭中，經由象、數、理的綜合判斷，找出其合理的解釋。

宇宙密碼：道器合一

道

（象）

看不見的不能忽視，
現代常說「看不見的手」，
可見看不見不等於不存在。
「無」並非「沒有」，
「空」也不是「一無所有」，
人人離不開道。

器

（形）

看得見的十分重要，
我們有軀體、有欲望，
需要有形的器物來滿足，
根本做不到止欲斷念，
所以人生在世，
不能放棄「有」的追求。

道器兼顧並重，掌握合理的度。

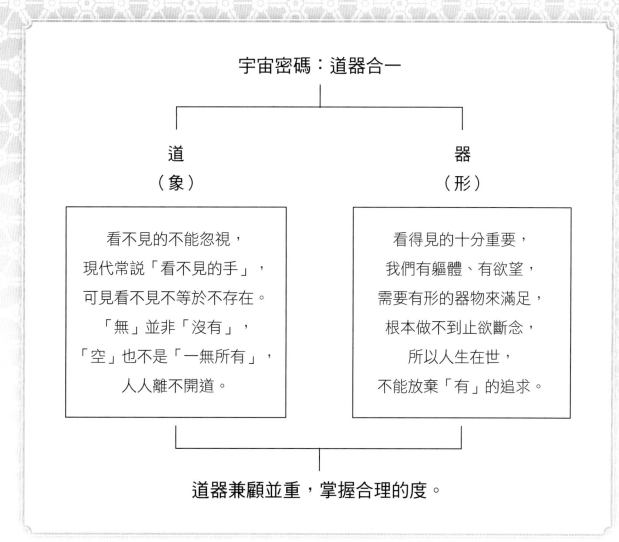

五、不可為典要應唯變所適

〈繫辭下傳〉曰：「易之為書也，不可遠，為道也屢遷，變動不居，周流六虛，上下无常，剛柔相易，不可為典要，唯變所適。」《易經》是實用的學問，我們時時刻刻都用得著，所以不能夠遠離。它所說的陰陽運行、因果循環、互相推移的道理，是變動不居的。奇（⚊）、偶（⚋）兩爻，周流在假設的六道虛位之間。無論由上位降到下位，或者從下位提升到上位，都是變化無常的。陽剛陰柔，相互變易調節，因此我們也不能夠斷定某卦、某爻一定要做出什麼樣的解說。因為易學所講究的是合理的應變。孔子的基本態度是《論語・微子篇》所言：「無可無不可」，也就是「唯變所適」的實際應用，這種思想也成就了中華文化中「持經達變」、「有所變有所不變」的最佳依據。

我們最好遵照〈繫辭下傳〉所言：「初率其辭，而揆其方，既有典常。苟非其人，道不虛行。」先把卦爻辭用心研究，配合時位和理象，找出「不可為典要」的常軌，然後依據常軌，再來進行「不可為典要」的「唯變所適」，比較容易做到持經達變，並且變得恰到好處。更要自我警惕：假若缺乏對《易經》篤信而又認真研習的態度，就算掌握到宇宙密碼的一定規則，同樣也會不得其門而入，無法憑空實踐《易經》的精微大道。

找對人，非常重要。找錯人，十分危險。但是要找對人，首先要找對自己。心正才不容易亂找人，心不急自然可以找對人。只要人不對，即使解開了密碼也沒有用。《易經》興，太平盛世到。人心向善，大家憑良心，自己對了，找的人也對了，當然是太平盛世！

孔子主張：無可無不可。

↓

易學認為：不可為典要，唯變所適人。

↓

先用心研究卦爻辭，配合時位和現象，
找出可以做為依據的常軌，
再依據當時的人、事、時、地、物真實狀況，
做出合理的推演。
還必須要提高警覺：人對不對？

↓

人不對，就算密碼解開了也沒有用！

六・憑良心不用來欺騙自己

人善變，對了會變錯，這才是最可怕的。讀《易經》，讀出很多君子，也讀出很多小人。原本是君子，卻經不起名、利的誘惑，變成了小人，使得十分信任他的人，蒙受很大的打擊、承受很多的苦難，是歷代常見的事實。

西方人重視「不要欺騙他人」，中華民族則倡導「不要欺騙自己」。《論語・衛靈公篇》記載：「子曰：『君子貞而不諒。』」「貞」是正的意思，「諒」則為信。對人講求信用，原本是美德，倘若有害於正道時，寧可固持正道而放棄信用。為了正道而欺騙，是騙他人而不騙自己。本立而道生，正道是本，說不說實在話，是溝通之道，仍必須以貞正為本。

不會欺騙自己，應該不致欺騙他人。重視不欺騙他人，反而欺騙了自己，豈不是本末倒置？知道宇宙密碼，最好秉持「知之為知之，不知為不知」的誠信原則——一方面不欺騙自己，畢竟還有很多不完全明白的地方，還是要謙虛為懷；一方面對不應該知道的人，必須有一些保留，以免造成不良的後果。基本的態度便是憑良心。應該怎麼講，就要怎麼講。應該說到什麼程度，不多不少，無過也無不及，才是最合理的度。世事無常、人心難料，一切都在變動，只有憑良心，隨時合理因應，才能合乎易學的要求。

錢財、利祿、名器，都是上天用來考驗人類的關卡。過不了關的人，經不起上天的考驗，很容易變成小人。我們玩賞《易經》，必須面對各種考驗，並且時時警惕，不可誤人自誤、害人害己。倘若用來騙財騙色，那就罪不可赦了！

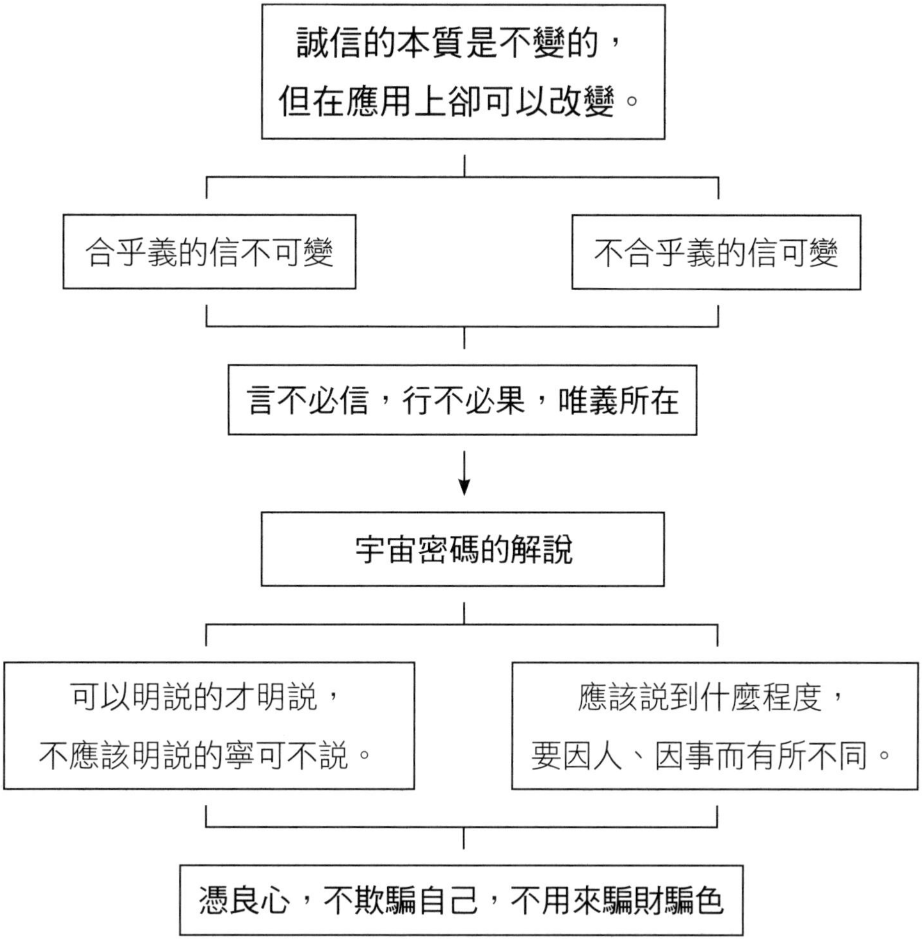
誠信的本質是不變的，
但在應用上卻可以改變。
合乎義的信不可變
不合乎義的信可變
言不必信，行不必果，唯義所在
宇宙密碼的解說
可以明說的才明說，
不應該明說的寧可不說。
應該說到什麼程度，
要因人、因事而有所不同。
憑良心，不欺騙自己，不用來騙財騙色

我們的建議

1 大自然是一切學問的依據，自然的密碼是解說大自然的鑰匙。但是仁者見仁，智者見智，仍然有不一樣的見解。我們判斷的標準是「合不合乎自然？」合即為真，否則便有待進一步的體悟。看法不同，標準卻應該是一致的。

2 伏羲氏發現宇宙密碼，因而一畫開天，畫成八卦，然後重卦成六十四卦，分別給予卦名和爻辭。透過六十四卦的象，來瞭解宇宙萬物的大道理，則是我們要做的事。

3 由於各人的身分、立場和所知所行各有差異，以致我們對於卦爻辭的解說並不相同，實際上這正是每一個人和《易經》的緣分不同。各人自作自受，怨不得人。

4 孔子認為人和《易經》的緣分不同，主要原因在於各人的道德修養不一。有人偏重易理，有人特別喜愛術數，這是各人不相同的造化，我們都應加以相當程度的尊重。

5 宇宙密碼是不易的，各人的理解和運用顯然是變易的。如此一本萬殊的現象，倒也符合《易經》的精神。孔子自己也是抱持著「無可無不可」的態度，配合《易經》唯變所適的要旨。孔子所說的每一句話，也都具有「無可無不可」的變易性，我們最好小心又用心的去理解。

6 大自然的本質是「波」、「能」、「誠」，雖然用詞不一樣，實質上並無太大差異。甚至於有人用「神」、「天」來表示，應該也沒有什麼不可以。「道」與「誠」，原本就是合一的。

結語

西方哲學研究大自然「為什麼」如此？自然科學則以大自然是「怎麼樣」的？做為研究重點。兩者有一個共同點，便是從「有」出發，而不及於「無」。

中國人做學問，講求「有」、「無」並重。〈繫辭上傳〉曰：「形而上者謂之道，形而下者謂之器。」形而上即是「未有形」的「象」，形而下才是「有形」的器（形）。但我們知道：道和器雖然有別，卻不能相離。

西方哲學常認為「本體」在「現象」背後，現象「現」而不「實」，本體「實」而不「現」，所以把「現象」和「本體」看成對立的兩個世界。中國思想家則普遍認為「器亦道、道亦器」，從現象中可以認識本體。我們把「本體」和「現象」，看成「源流」和「根枝」的關係。西方哲學「一元論」或「二元論」的爭議久久不能平息。中華易學老早就明白「一本萬殊」，根本就是「一之多元論」。「太極」為「一」，而「兩儀、四象、八卦」即為「多」，構成自然的樹狀並一以貫之。

宇宙密碼，包含「自然律」和「道德律」，兩者兼顧並重。自然律指現象的變易，而道德律則重視本體的不易。西方哲學家明白「現象變化無常，本體不變」，卻不能直接指出本體不變的根基在於道德。既然有規律，怎樣會測不準呢？因為人的意志（道德）在操縱。若人心思變，世界就會愈變愈快。倘若人心求定，世界就會愈來愈穩定。中國歷代聖賢不主張「求新求變」，只重視「日新又新」，不斷地改善，便是在穩定中求取進步，這才是與時俱進的正當途徑。西方重實証，認為這種說法難以實証，便不足採信。而中華易學則認為心誠則靈，根本就是不証自明的，只須領悟，又何必一定要實証？學問應該是整全的，有可以實証，也就有難以實証的。我們接受可以實証的部分，也包容難以實証、但只要用心領悟，便能不証自明的部分。

現代科技發展，使我們對大自然的變化過程，包括基因、原子、頭腦、宇宙的源起，以及從大霹靂到人類誕生的創世故事，已經有了不同於往昔的領悟。我們來到二十一世紀，人類「贊天地之化育」的力量是空前的強大。我們常說「心想事成」，透過科學的實証，正在發揮前所未有的力量，使世界逐漸由「無意識的演化」，進入以人為本的「有意識的演化」。在這種對世界、對人類至關緊要的關鍵時刻，我們把宇宙密碼逐一加以探究，必須配合道德律的要求，使宇宙人生能循正道，做出合乎倫理的演化。

西方人講求「權利、義務」，中華文化則主要在加強人的「責任」。我們的責任在於透過宇宙密碼，指引科技朝向正確的途徑發展。因為人類的科技發展，帶來了很大的助益，卻也產生了十分嚴重的威脅性。如何促使今後的科技發展能夠增加助益而減少禍患，應該是現代人類至為關注的課題。我們分別在各行各業的職場中，不約而同地以宇宙密碼做為共同的指導原則。以《易經》指引科技發展的方向，實在是中華民族責無旁貸的神聖責任。近四百年來，西方在科學發展盡了很大的責任，現在輪到中華民族站在世界的舞台上引領思潮，善盡地球村公民責任的時刻了！

下一本書，我們將恭敬地「還自然一個公道」，敬請多多指教。

《附錄》

解讀宇宙密碼

最好求同存異

一、道可道非常道的真義

老子《道德經》開宗明義指出：「道可道非常道，名可名非常名。」由於當時尚無標點符號，所以產生不一樣的斷句方式。常見的為「道可道，非常道；名可名，非常名。」意思是：可以說出來的道，便不是常道；可以稱呼出來的名，也不是常名。還有一種斷法為「道，可道非常道；名，可名非常名。」意思和上述那一種斷句相差不遠。但是，如果依照易經的思維，似乎應該斷句成「道可，道非，常道；名可，名非，常名。」更加符合「一陰一陽之謂道」的要旨。

「道可」為陽，「道非」即為陰，「常道」代表一陰一陽同時並存。意思是「道」有陰陽兩面，有人說這樣，便有人說那樣，才合乎常理。和孔子所說：「仁者見之謂之仁，知者見之謂之知」（〈繫辭上傳〉）——同樣一件事情，各人立場不同，看法也不相同，說起來各自成理，實在是有異曲同工之妙。

「名可」為陽，「名非」便是陰，「常名」表示同一種稱謂，有人認可，有人並不認同，也是經常發生的現象。最好的辦法，似乎是「百姓日用而不知」，自然而然，就不必陷入原則和名稱的爭論。但是這樣一來，日子久了，時間長了，必然造成若干扭曲和錯亂，以致「君子之道鮮矣」，真正的道，便會不幸地淪為僅有極少數人才能真正明瞭的思想了。

老子當年寫下這樣的文字，真意為何？我們無從得知。我們只是認為，易學是諸子百家的總源頭，老子寫《道德經》，用意在為高等智慧的人士，說明《易經》的道理。我們也就依據《易經》所特有的「一分為二，二合為一」的思維法則，把「道可」和「道非」合起來看，而不分開來想。任何道理，由於見仁見智的差異，勢必會引起不一樣的看法。不論選擇哪一種說法，我們都應該加以尊重和包容。因為我們既然不是老子，就沒有能力，也沒有權力替老子做出說明。老子盡了他應盡的責任，說出他應該說的話，寫出他應該寫的文字，至於我們想要怎樣斷句、如何解說，那是我們自己應該做出的選擇，也必須為自己的選擇，負起全部的責任，這才符合「自作自受」的人生必然律。

《論語・微子篇》記載孔子的主張為「無可無不可」，同樣是依據「一陰一陽之謂道」，也就是「道可，道非，常道」的法則。「無可」為陽，則「無不可」為陰，兩者互動，從中尋求其合理點。《論語・子張篇》所說：「仕而優則學，學而優則仕」，便是最好的應用。「仕」與「學」互為陰陽，必須同時存在。可惜一般人偏重「學而優則仕」，卻嚴重地忽略了「仕而優則學」，以致造成官大學問大的虛假表象，實際上肚子裡的那一點東西，老早已經用光了，竟然還藉口時間不夠用，想讀書而未能如願，鬧出許多笑話。

孔子以中等智慧的人士為主要教學對象，認為「中人，可以語上也；中人以下，不可以語上也」，暗示我們最好不要以中人以上（俗稱為上人）自居，期許自己比中人以下長進些，不驕不亢地用心學習。墨子則把注意力集中在中人以下的普羅大眾，直接提出「非命、非樂、非攻、非儒、尚賢、尚同、兼愛、節用、節葬」等「是非分明」而非「模稜兩可」的主張。因為普羅大眾很容易陷入「二分法」思維，非「是」即「非」，對於模糊地帶，沒有那麼深刻的體會。所以墨子採取「矯枉過正」的手法，故意拉得過頭，彈回去時比較容易「得其中」。事實上，有「命」才有「非命」；能「樂」才談得上「非樂」；有「儒」才得以「非儒」；而因為大家不知尚賢，所以墨子才鼓勵「尚賢」。

二、宇宙密碼以「一陰一陽之謂道」為總綱領

易經六十四卦，代表宇宙人生的六十四個密碼，而以「一陰一陽之謂道」，做為解讀、揭開、應用的總綱領。任何一個密碼，都應該秉持〈繫辭下傳〉所言：「上下无常，剛柔相易」——或向上或向下，並沒有一定的法則；陽剛與陰柔也互相變易。「不可為典要，唯變所適」——不能夠拘泥、固執、侷限於某一定規，而是要能持經達變地隨時調整，做出合理的變化，以求符合當時、當地的不同需要。

一般人先求「務實」，也就是規規矩矩做人、實實在在做事，然後再求「應變」，以期做出合理的變易。在「不易」（務實）和「變易」（應變）之間，尋求合理的「度」，原本符合《易經》的精神，並無不妥，不幸「務實」久了，覺得窒礙難行，反而心生疑懼，以為「經」（常則）出了問題，開始著手變易，又十分陌生，難以應變得宜，這違背了「陰中有陽，陽中有陰」的要旨，把「務實」和「應變」分開來看，卻沒有合起來想。倘若一開始便能養成「務實中有應變，應變中有務實」的良好習慣，時時刻刻把「務實」和「應變」合在一起、兼顧並重，終其一生變化中有持續，而持續中有變化，那就完全符合「一陰一陽之謂道」的要旨，可以悠然自得地運用宇宙密碼於日常生活之中了。

從幼兒開始，便學習「一陰一陽之謂道」的道理，告訴孩子「所有的事情，都可能產生變化」，及早培養「有所不為」的觀念，而不是加以矇蔽，使其「由於不知而不為」，以致長大之後，形成「原來可以如此」而「胡作非為」，或者認為「凡不守規矩的，都是壞孩子」，養成「嫉惡如仇」的態度，因而與人格格

不入，難以和諧相處。

現代教育，又偏重「是非分明」的「二分法」思維，致使「陰」、「陽」分隔而難以合一，必須用一番心思，費一番功夫，使自己的腦筋活化，早日恢復「三分法」的思維，養成「是非難明」的正確心態，做到「慎斷是非」，並且「求同存異」，包容並尊重各種不一樣的觀點。

有些人是過份敬畏聖人之言，絲毫不敢有不同的意見；有些人卻認為「堯何，人也。舜何，人也」，以致「孔子何，人也」，結論是「余何，人也」。既然大家都是人，或者不過是人，那就大膽批判起聖人，甚至於耍賴，為反對而反對，非改變聖人之言不可。上述兩種人，表面上看起來大不相同，實際上都是「一分法」思維，並沒有不同。何況聖人也認為「過」與「不及」都是不好的。

周文王寫卦爻辭，用字遣詞非常用心警惕，我們當然很有信心。但是事隔這麼多年，特別是原本的文言文忽然改成白話文之後，我們對原文的理解，實在十分困難。我們相信像「元、亨、利、貞」這樣的字眼，在當時一定是大家很熟悉的，否則文王何必用它？然而事過境遷，後代出現十幾種不同的解釋，而且都言之成理。我們與其勉強從中選出一個，不如參酌各種因素，在不同情況下，選用不一樣的解說。漢字的特色很多，其中在不同的地方，有不相同的解釋，難道我們還不夠清楚？讀音也是一樣，有人讀這樣、有人讀那樣，好比方言，也是同字異音，只要彼此能夠互通，又何必非一定要這樣唸不可？你唸你的，我唸我的，自然有一個人會自行改變。倘若依然各唸各的，我們最好提高警覺，很可能兩種唸法都有所據。一字多音，也只是「一陰一陽之謂道」的一種表現，不是嗎？

三、宇宙密碼以合乎自然為依歸

中華文明之所以源遠流長，主要是《易經》掌握了宇宙密碼，成為諸子百家的總源頭。歷朝歷代，人們為了求生存，而發生了種種問題，最基本、最普遍的莫過於經濟問題、政治問題、社會文化問題等。由於客觀的環境不斷產生變化，歷代化解這些問題的思想，也會跟著有所轉變。每一個時代，有其不一樣的「思潮」，也就是當時大家所信奉的主流思想。由於中華民族重視經典的精神，不敢隨意離經叛道，得以萬變不離其宗，因此，世世代代，變化中有持續，而持續中有變化，完全符合「陰中有陽，陽中有陰」的理則——看似一直在變易，卻能夠時時維持不易的道統。

西方文化是不連續的，其主要原因，在於重視「求新求變」，卻嚴重地忽略了「不易的根本」。他們在「變易」和「不易」之中，依「二分法」思維，選擇了「變易」而放棄了「不易」。影響所及，現代中國人也免不了把「新」和「進步」劃上等號，認定一切舊的都不如新的好。大家只知道「變」，卻不明白「變中有常」的道理。求新求變，造成喜新厭舊的錯誤觀念，與中華文化「不忘根本」的原則大相逕庭。將來離經叛道，不念故舊，都可以用「求新求變」來做為藉口，因而數典忘祖，這才覺悟「自作孽，不可活」的警訊，豈不是可悲的不幸嗎？

試問自然現象是不是變中有常？因為自然律既超越時空，更無所謂新舊。我們固然不應該拘泥於聖人之言，但也不應蔑視聖人之言，因為「泥古」或「蔑古」，都是矯枉過正，不合乎自然。聖人所說的道理，是常規，是經典，當然不能夠違背。然而時空都在改變，我們也不應該固執不變。自然現象萬變，而自然本身亙古不變，這就是《易經》「變易中有不易，不易中有變易」的道理。《論語．為政篇》記載：「子曰：『學而不思則罔；思而不學則殆。』」勤求學問是求學的根本常則，也就是「不易」的部分；用心思索則是因應現實環境，尋覓可行的途徑，屬於「變易」的部分。雖然解讀宇宙密碼必須依據《易經》原典，不能隨意更改聖人之言，卻也不應該拘泥、固執，完全無視於內外環境的變化，以致食古不化，不能適應現代的需要，如此一來也會令人難以接受。最好的辦法，便是以「自然」做為檢驗標準和共識。

現代科學發達，凡是能夠透過科學語言的部分，務請盡量採取科學語言，具有公信力，大家當然更樂於接受。遇到現代科學仍然不能解說的事項，也不能視為不科學或非科學而加以排斥，或者擅自變更。我們應當把這一部份視為「負科學」，期待當有一天科學更加發達時，能夠化負為正，用那個時候的科學語言來補充說明。人居於「天地人鬼神」的中心，「天地」屬於科學能夠解說的領域，稱為「正科學」；「鬼神」便是現代科學仍然無法解說的領域，屬於「負科學」。

宇宙密碼，主要用來揭開自然的奧祕。以自然為依歸，把「自然與否」當做判斷的標準，應該十分合理。自然是什麼？古代的人是「不知其然而然」，現代則因為科學發達，某些問題已經得到解答，所以大致可分為「知其然而然」和「不知其然而然」兩種狀態，這也合乎「一陰一陽之謂道」的要旨。做學問的人，難免偏重「知其然而然」的追求，而老百姓則日用而不知，反而更能體悟「不知其然而然」的真諦。

四、從實踐中辨識宇宙密碼更有效

孔子的最大貢獻，在「學而時習之」，鼓勵大家從實踐中學習。《易經》告訴我們：人類生於天地之間，是大自然的一份子，理應適應自然的演變而生活，然而，光有實踐而不學習，不容易獲得正確的認知。常見有些人只盲目找問題，卻不認真學習，結果鬧出很多笑話。現代我們有了方便的網際網路，大可以上網瀏覽學習，看看關於這些問題，前人是怎麼想、怎麼說，以做為自己思索的參考依據，這不是更加事半功倍，更能得到良好的效果嗎？

科學通常從假設著手，但是從假設到証實，可以說是「行百里者半九十」。倘若沒有不斷透過「嘗試錯誤法」，從實驗或實踐中，屢經失誤與改善，實在很難達成任務。「假設」不妨虛擬，「結論」卻必須一步一腳印地去獲得証明。

實踐不能完全依賴實驗，也不是萬事萬物都能夠實証。我們除了實驗，還可以透過親身的體驗，例如「富貴不能淫，威武不能屈」雖然不能實驗，卻很容易體驗。《中庸》有言：「君子無入而不自得焉。」處在富貴的地位，就做富貴地位所應當做的事；處在貧賤地位，便做貧賤地位必須做的事。守道安份，不做本分以外的事，其「度」的把握，恐怕只有通過體驗，才能真正地怡然自得。「人皆可以為堯舜」並不容易實証，然而一旦自得之後，便很容易不証自明。

解開密碼，就能夠看到其中的奧祕。透過實踐，更能體悟其中的奧妙！「大哉乾元」與「至哉坤元」如何獲得密切的配合？「保合太和」為什麼能「乃利貞」？一個人要把《易經》倒背如流，還不如知而即行，再由行而証知，至於有沒有機會發揮，或者發揮出什麼樣的效果，在《中庸》裡說得十分清楚：「君子居易以俟命，小人行險以徼幸。」如果以君子自居，便應該明白「時也，命也」的道理，按照《易經》的道理，等待天命到來的順水推舟，不必像小人那樣，冒險妄求非分的不當所得。現代人急於自我推銷，到處製造新聞，以期提高知名度，我們倘若長期追蹤，把前因、後果合起來看，就會發現「自我推銷」根本等於「作賤自己」。

從易理反觀現代人的所思所為，不難發現愈是現代化的人，距離大道就愈遠。果然是「非道弘人」——道弘不了人，唯有自己努力，才能明道、行道、弘道也。

五、結語與建議

孔子所倡導的世界大同，現代人稱之為地球村，正在快速地形成與發展中。面對不同的文化背景、不一樣的思維、不相同的政治制度與經濟狀態時，唯一的實踐辦法便是求同存異。

求同存異的主要精神是「和而不同」。《論語・子路篇》記載：「君子和而不同，小人同而不和。」君子志同道合，彼此和諧相處，卻並不強求每一件事情都有一致的看法。互相尊重，包容不同見解，也是君子應有的風範。小人在一起，大多為了利害關係，表面上意見一致，做起事來卻各有不同的行徑，這是不是也可謂「一陰一陽之謂道」呢？我們說讀《易經》，造就了很多君子，也製造了不少小人，而其中「誠」與「不誠」，才是最重要的關鍵所在。

《易經》乾卦〈文言〉曰：「閑邪存其誠。」意思即為憑良心（誠）來防止（閑）邪惡（邪）才最徹底。一開始人們是以法律來防止邪惡，然而效果不大，於是便又訴諸於教育，可惜依然成效不彰。這是因為法律和教育都是外顯的，存心逃避，誰也沒有辦法。只有憑良心是內發的，無法逃避。憑良心便是誠，是發自於內心的，一個人不憑良心所受到的煎熬，比起被判刑、坐牢都還要難受。可惜現代人大多相信法律，而不知良心在哪裡？《中庸》曰：「誠者，天之道也。」誠原本是天地自成、萬物化育的道理，是人類道德的源泉。連誠都不知、連良心都不相信，豈不是可憐又可悲的現代人嗎？

關於解讀宇宙密碼，我們有下述三點建議：

1 以誠自律。時時記住「自作自受」的法則。以君子自居，不為功名利祿而成為小人。憑良心解讀宇宙密碼，憑良心躬親實踐，憑良心修造自己，憑良心與人分享。抱持「知之為知之，不知為不知」的心態，切勿裝神弄鬼，迷人自迷，最後必然害了自己。

2 善用密碼。現代人重視專業，這是時代的需要，無可厚非。只是知道密碼之後，最好用來指引自己的專業，使其走上正道。「貞正」是各行各業的共同指標，無一例外。只有各行各業各自導正，我們的社會才能和諧發展。而地球村的形成能獲得全球的認同，也是有賴於「正」道的發揚。

3 謹言慎行。一般人胡言亂語，為非作歹，說起來非常可惡，但是這對整體人類而言，畢竟還是小事。若是知道了宇宙密碼，還要明知故犯，這可就是知法犯法、罪加一等了。謹言又慎行，原本就是為人所應有的素養。解讀宇宙密碼，更應該進一步明白為什麼必須如此的原因。所以不造神（神已經夠多了）、不聚眾（聚會討論可以，聚眾鬧事大可不必）、不斂財（錢財是上天對人類的第一道考驗關卡）、不妄說（凡事都有條件，並非鐵定如此，最好不要鐵口直斷，以求自留餘地），應該是大家必須奉行的共同守則。

宇宙密碼不能提出令科學家完全信服的証據，換句話說，便是現代科學還沒有足夠的能力揭開宇宙的奧祕。但我們相信，最貼切的說法應該是：「只有德與天合的人，才可能有一天完全地解開宇宙的神奇與奧祕！」

易經的奧祕系列課程

凡購買「易經的奧祕」書籍之讀者

即可參加「一日易經班」課程

易經的奧祕
一本易想天開的絕妙經典
曾仕強 著
本書在大陸
熱銷逾100萬本
全書在台重新改版，轟動發行！
高踞各大書局文史哲類暢銷排行榜 冠軍寶座
讀友熱烈回應，認為這是一本「可惜沒有早點看」、「對人生有重要啟發」、「能使人茅塞頓開」的智慧鉅作。

運用易經的 時、位、中、應

規劃出一套與時俱進，持經達變的職場生涯

☑ 已購買易經的奧祕書籍。我想報名參加一日易經班課程，敬請安排座位

姓名：__________ 手機：__________ 行業別：________________

電子郵件信箱：____

郵寄地址：____

報名專線 ：02-2361-1379，02-2361-2258 傳真報名：02-2331-9136

亦可郵寄至台北市中正區重慶南路一段57號8樓-14 曾仕強教授辦公室收

影響華人世界最重要的推手

曾仕強教授

解讀易經的奧祕系列套書

NO.1
易經真的很容易

NO.2
走進乾坤的門戶

NO.3
人人都不了了之

NO.4
易經的中道思維

NO.5
轉化干戈為玉帛

NO.6
人生最難得有情

NO.7
生無憂而死無懼

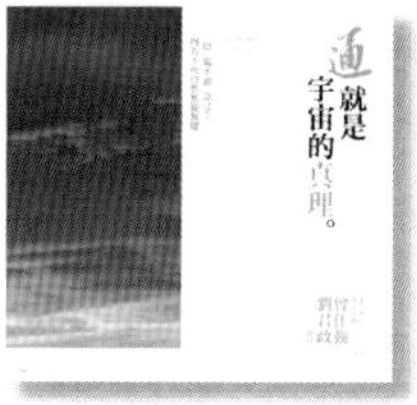

NO.8
通就是宇宙真理

NO.9
解開宇宙的密碼

NO.10
還自然一個公道

NO.11
易經由象數推理

NO.12
道德是最佳信仰

「解讀易經的奧祕系列」套書 1-06冊：1800元

「解讀易經的奧祕系列」套書 7-12冊：2280元

「解讀易經的奧祕系列」套書 1-12冊：4000元

訂購專線：02-23611379　服務手機：0932-128118 曾仕強教授辦公室

知命樂天
人生無憂

觀念決定行爲，行爲影響習慣，習慣改變命運！
現在的你，正是無數的過去所累積而成；
當下的結果，其實就已埋下決定性的種籽。

凡購買曾仕強教授易經系列叢書
免費提供個人命運 DNA 諮詢乙次
諮詢預約專線：02-23611379
02-23612258